하루 10분 키 발레 스트레칭

내 아이 키 10cm 더 키우기

김부용 지음

하루 10분 키 발레 스트레칭
내 아이 키 10cm 더 키우기

제1판 1쇄 인쇄 | 2017년 3월 21일
제1판 1쇄 발행 | 2017년 3월 31일

지 은 이 | 김부용
사　　진 | 서석인
펴 낸 이 | 박성우
펴 낸 곳 | 청출판
주　　소 | 경기도 파주시 안개초길 18-12 1F
전　　화 | 070)7783-5685
팩　　스 | 031)945-7163
전자우편 | sixninenine@daum.net
등　　록 | 제406-2012-000043호

ⓒ 2017 김부용
이 책은 청출판이 저작권자와의 계약에 따라 발행한 것으로
본사의 허락 없이는 이 책의 일부 또는 전체를 이용하실 수 없습니다.

ISBN | 978-89-92119-62-7 13590

※ 파본이나 잘못된 책은 바꿔 드립니다.

당신의 자녀
10cm는 더
키울 수 있습니다!

내 아이 키 10cm 더 키우기

발레만 생각하고 오로지 발레 하나만 해오던 저는 아이가 태어나면서 대학 강의를 접고, 전업 주부가 되었어요. 꿈을 잠시 접고, 후회 없는 육아를 하기 위해서였답니다. 모유가 부족해 완전한 모유 수유를 할 수 없음에도 불구하고 육아 서적에서 본 '모유 수유를 포기하지 않으면 된다.'는 말에 용기를 내어 12개월간 완모를 하였고, 이유식 또한 손수 만들어 먹였답니다. 사실 엄마들은 긴 육아 기간 동안 여기저기 아프다는 말을 참 많이 합니다. 저 또한 첫째 아이 1년, 둘째 아이 1년의 모유 수유와 육아로 이곳저곳 안 아픈 곳이 없었고, 미혼 시절의 몸은 어디론가 가버렸답니다. 무용으로 단련되었던 바른 체형과도 거리가 멀어졌고요.

그래서 결심을 했어요. 꿈은 고사하고, 우선 나 자신의 몸부터 다시 발레로 교정을 해야겠다고. 그러다 보니 아이들의 자세에 관한 관심도 자연스레 생겨났고, 발레 자세 관련 논문을 찾다가 놀라운 사실을 알게 되었습니다. 발레 스트레칭이 아이들의 키 성장과 아주 밀접한 관계가 있다는 것을요!

25년간 발레를 하며 초·중·고·대학생들을 지도해본 저는 발레하는 친구들이 다른 형제들이나 주변 사람들보다 키가 큰 편이고, 발레를 하면서 키가 많이 커졌다는 이야기를 들었던 기억들이 새록새록 떠올랐습니다. 논문과 과거의 기억들이 연결되면서 아이들의 키 성장에 발레가 중요하다는 사실을 깨닫게 되었습니다. 그동안 육아 서적들의 도움을 많이 받았던 제가 이제는 다른 엄마들에게 도움이 될 수 있겠다는 생각이 스쳤습니다. 키 발레 스트레칭은 전공자가 아닌 일반인에게도 남녀 구별 없이 꼭 필요한 운동이며, 특히 취학 전 아이들에게 아주 특별한 키 운동이라고 자신합니다.

그동안 여러 엄마들을 만나면 꼭 받는 질문이 있었고, 항상 저의 답은 같았습니다.

"아이의 키가 또래보다 작아서 걱정인데 좋은 방법이 없나요?"
"하루 10분 키 발레 스트레칭이면 가능합니다."

이 책은 25년간 발레를 전공한 전문가 입장에서 아이의 키 성장을 걱정하는 엄마의 마음을 헤아리며 만들었습니다.

- 하루 10분 발레 스트레칭으로 성장판을 자극하여 키를 쑥쑥 크게 하는 책
- 놀이를 통해 올바른 자세와 키 성장을 유도하는 책
- 시간과 경제적 비용을 절감하면서 집에서 할 수 있는 발레 놀이책

수많은 운동법과 발레 책이 있음에도 불구하고 아이를 위한 발레 스트레칭 책은 없었습니다. 그래서 엄마와 좋은 유대 관계까지 형성하면서 놀이하며 즐기는 발레 책을 만들고 싶었습니다. 대한민국 아이들을 위한 첫 어린이 발레 책이랍니다. 엄마의 마음으로 아이의 바른 자세와 키 성장에 좋은 동작만으로 구성하였다는 점을 알려드립니다.

이제, '내 아이 키 10cm 더 키우기'에 도전해볼까요.

2017년 3월
김부용

Contents

내 아이 키 10cm 더 키우기

당신의 자녀 10cm는 더 키울 수 있습니다/8

내 아이 성장판 자극하기/10

키 성장을 돕는 기적의 발레 스트레칭/10

하루 10분 즐기며, 놀이하며 키 키우기/12

키 발레를 위한 준비물/13

엄마와 아이의 행복한 교감 발레법/15

성장판의 위치와 스트레칭의 효과/17

유전은 아이 성장에 얼마나 영향을 미칠까/21

우리 아이 키 계산법/23

시기별 성장하는 키/24

어린이 성장을 위한 5가지 요법/26

Part 1 발레의 기본자세 및 동작

바로 선 자세/30

종이컵 올리고 걷기/34

포인, 플랙스/36

발 포지션/38

팔 포지션/42

쁠리에/44

바뜨망 땅뒤/50

롱드 잠 아떼르/54

아라베스크/58

데벨로뻬/60

그랑 바뜨망/62

턴/66

레베랑스/70

Part 2 부위별 성장판 자극

목 스트레칭/74
손목 자극/76
어깨와 척추/78
누워서 허리 비틀기/80
등 젖히기/82
다리 깃발 세우기/84
장요근 스트레칭/86
골반 회전 스트레칭/88
바뜨망 후라뻬/92
플랙스 스트레칭/94
사이드 스트레칭/96
점프 쑤브르소/98
누워 다리 들기/100
고양이 한 발 스트레칭/102
서서 허리 굽혀 스트레칭/104
발등 붙여 점프 스트레칭/106
무릎 아웃, 인 스트레칭/108
다리 들어 기다리기 스트레칭/110
고관절 회전 스트레칭/112
내전근 강화 스트레칭/116
대둔근 강화 스트레칭/118
전신 스트레칭/120
척추 스트레칭/122

Part 3 발레 놀이

두 손 찔러 놀이/126
프로펠러 놀이/128
빙글빙글 놀이/130
개구리 놀이/132
엄마와 전화 놀이/134
회오리 놀이/136
스쿨버스 기다리며 점프 놀이/138
창문을 열어라 놀이/142
솟아 올라라 놀이/144
연필 돌리기 놀이/148
나비 놀이/150
여행 놀이/152
반짝반짝 별 놀이/156
엉덩이 쭉쭉 놀이/158
꼭두각시 놀이/162
아기 고양이 놀이/166
가위 놀이/168
슈퍼맨 놀이/170
펑펑 놀이/172
시계 놀이/174
학다리 놀이/176
배꼽 놀이/178
개구리 다리 놀이/180
자전거 놀이/182

당신의 자녀
10cm는 더 키울 수 있습니다

이 책은 엄마와 아이가 함께 하는 발레 스트레칭 동작에 대해 상세한 사진 설명과 아이 눈높이에 맞춘 이야기 설명을 포함하고 있기 때문에 쉽게 따라 할 수 있습니다. 엄마가 발레 동작을 몰라도 되고, 유연하지 않아도 되며 전문 발레복도 필요 없습니다. 이 책에 실린 동작들을 따라하다 보면 자녀들이 건강한 몸매를 얻고 원하는 만큼 성장할 수 있을 것입니다. '하루 10분 키 발레 스트레칭으로 키가 정말 클까?'라는 의문을 품지 말고 지금 당장 저와 함께 시작해요.

내 아이 성장판 자극하기

모든 것이 그렇듯 노력으로 완성됩니다. 우리 아이의 키도 마찬가지라 생각해요. 부위별 스트레칭은 뼈에 자극을 주고 관절의 연골 조직을 부드럽게 해주며 성장호르몬 분비를 촉진시켜주는 효과가 있습니다.

이러한 키 발레 스트레칭은 몸 전체에 있는 성장판을 자극하여 여타 운동보다 효과적입니다.

아이의 키는 성장판이 닫히면 아무리 정성을 쏟아도 더는 자라지 않게 됩니다. 성장판의 연골은 스프링과 같아서 성장판이 눌리고 압박을 받으면 성장이 억제되고, 성장판의 압박이 풀릴 때 키가 자라게 됩니다. 잠자는 동안 키가 큰다는 연구 결과도 여기에 포함됩니다. 자기 전 10분의 스트레칭으로 성장호르몬의 분비를 촉진하고, 잠을 자는 동안 성장판이 열려 키가 크는 데 도움이 됩니다.

《내 아이 키 10cm 더 키우기》는 발레 동작뿐만 아니라 자세 교정 및 부위별 성장판 자극 운동법도 수록하였습니다.

요즘 하루하루가 바쁜 아이들에게 매일 학원 가는 게 쉬운 일이 아니며, 더욱이 운동하는 아이가 극히 적어 주말에 줄넘기 등 기본적인 운동에도 비용을 지불하고 있는 엄마들이 적잖이 있다는 점에서 이 책의 가치가 빛을 발할 것입니다.

키 성장을 돕는 기적의 키 발레 스트레칭

'발레 스트레칭, 집에서는 무리일 거야.'라고 생각하는 사람이 있을지도 모르겠습니다.

"발레를 안 해본 사람은 있어도 한 번만 해본 사람은 없다."라는 말을 할 정도로 발레는 재미있는 취미생활이 될 수 있습니다. 성장판 자극 운동을 자주 하는 아이는 그렇지 않은 아이보다 자는 동안 3배 이상의 성장호르몬 분비가 된다고 합니다. 적절한 자극은 골밀도를 높여주며 키 성장에 도움을 주게 되는 것이죠.

그렇기 때문에 키 발레 스트레칭을 집에서 엄마와 함께 한다면 어느 날 우리 아이의 키가 달라져 있을 겁니다.

특히, 요즘 소아 비만이 많아지는 추세라는데 다이어트 효과도 덤으로 얻을 수 있을 것입니다. 학원 왔다갔다 하는 길에 엄마와 함께 하는 발레 놀이는 어떨까요? 잠깐 눈을 맞추고 하다 보면 수많은 추억들이 만들어지는 경험을 저처럼 하게 될지도 모릅니다.

국내외 연예인들은 발레로 체형을 가꾸는 게 공공연한 사실입니다. 오드리 햅번, 니콜 키드먼, 사라 제시카 파커, 미란다 커, 한가인, 최지우, 유호정, 황신혜, 박지윤, 박신혜, 옥주현, 강소라 등 실제로 많은 연예인들이 발레로 몸매 관리를 하였고, 지금도 하고 있으며, 발레만한 운동이 없다고 말합니다.

이 한 권의 책에는 자녀와 함께 집에서 쉽게 따라 할 수 있는 동작과 친절한 사진 설명이 포함되어 있어서 누구나 쉽게 운동할 수 있습니다.

지금 당장 책을 펼치고 그대로 따라 하면 내 아이의 키가 쑥쑥 성장할 것입니다. '남들보다 조금 늦게 키가 크겠지.' 하고 기다리다가 성장 시기가 지나면 10분 아닌, 1시간을 투자해도 소용없게 됩니다. 키 키우는 방법은 멀리 있는 게 아닙니다. 이 책과 함께 조금만 노력해보면 좋겠습니다.

하루 10분
즐기며, 놀이하며 키 키우기

제 아이들은 일곱 살, 다섯 살로 발레 학원을 가본 적이 없어요. 이런 말씀을 드리면 제가 전공을 하였기 때문에 그럴 것이라 생각하는 분들이 많을 겁니다. 원래부터 운전은 남편한테 배우지 말라는 말이 있고, 교육 또한 자녀를 직접 못 가르친다는 말이 있습니다. 왜냐하면 바로 피드백을 기대하며, 생각 이상의 감정 표현들이 최대치를 넘나들기 때문입니다.

전공자가 아닌 보통의 엄마들이 이 책의 동작을 그대로 설명해주면 저보다 훨씬 더 좋은 효과를 낼 수 있으리라 생각합니다. 저는 전공자이기 때문에 가끔 키 성장 놀이라는 사실을 잊어버리고, 전공자를 키우는 동작으로 욕심을 낼 때가 있거든요. 물론 재빨리 정신을 차리곤 합니다.

학원에서의 발레는 여러 기본 동작을 배우는 데 비해 이 책은 바른 자세와 키 성장에 좋은 방법들을 수록하였기에 디테일한 동작은 안 나올지도 몰라요. 그렇지만 학원에서 몇 년씩 한 친구들보다 부족하지 않아요. 집에서 저랑 5분, 10분씩 함께 한 것이 전부지만 벌써부터 자세가 좋다고들 칭찬을 많이 듣는 편입니다.

이 책의 목적은 아이를 발레 전공자로 키우기 위함이 아니라 엄마와 하루 10분 발레 놀이를 통해 성장판을 자극하기 위함입니다. 엄마도 아이도 스트레스 없이 즐기면서 놀이하는 운동이 얼마나 대단한지를 깨닫게 될 것입니다.

다시 한번 강조하지만 즐겁지 않은 운동은 어른이나 아이에게 독이 된다는 점만 명심하길 바랍니다.

키 발레를 위한 준비물

발레복

옷을 갖추면 좋겠지만 저는 프릴 달린 옷이 하루 10분 발레에는 번거로운 감이 있었어요. 집에서 간편한 런닝이나 바지로 충분해요. 사진처럼 흰색 또는 회색 런닝에 검은색 쫄바지도 좋고, 그냥 편한 옷이면 충분합니다. 그리고 슈즈없이 맨발로 시작했어요. 발레슈즈를 신는 것보다 초보자에게는 맨발이 더 좋습니다. 왜냐하면 발의 중심을 체크할 수 있고, 발가락이 구부려지는지 쉽게 확인이 가능하기 때문입니다.

발레 BAR

발레 학원에서 볼 수 있는 중심을 잡는 도구예요. 아이 신장의 가슴에서 허리 높이가 적당한데 집에 있는 의자나 엄마의 손이면 충분합니다.

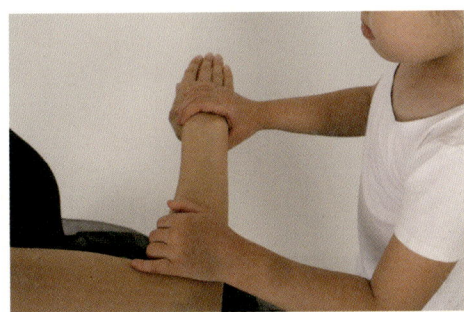

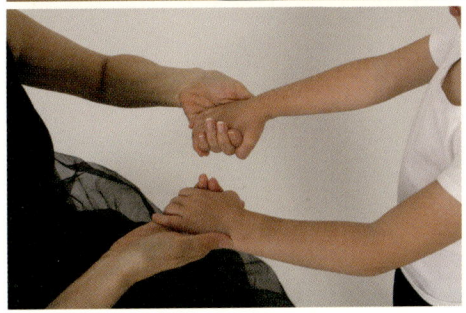

엄마와 아이의
행복한 교감 발레법

결혼하고 아이가 생기자 아이들의 눈으로 세상을 바라보게 되었어요. 그랬더니 아이들이 달리 보였어요. 그러면서 문득 초창기 발레를 가르치던 저의 모습이 떠올랐어요. 그럴 때마다 아이들에게 미안한 게 한두 가지가 아니였어요. 저의 어마어마한 열정은 즐기는 발레가 아닌 오로지 학습, 학습에만 매달렸기 때문입니다.

발레 스트레칭을 할 때 아이들의 반응을 하나하나 기억해보면 '아파서 소리 지르는 아이, 상기된 얼굴로 참는 아이, 아프다고 살살 해달라는 아이, 더 강하게 해달라는 아이, 때론 웃는 아이'도 있었어요. 저는 아플 때 어떤 반응을 하는지 엄마가 된 지금에서야 좀 더 명확하게 알게 되었습니다. 아파서 힘들어하는 동작에서도 더 강도 높은 스트레칭을 했던 것이죠. 아마 지금이라면 달랐을 거라 생각해요. 저와 같은 실수를 하고 있을 발레 선생님들이 계실 거예요. 열정이 너무 과하면 본질이 흐려지기 마련이죠. 우리는 꼭 발레리나를 시키기 위해 발레 학원을 보내는 건 아니니까요. 이건 작은 예에 불과해요. 학원에서 선생님은 아이 하나하나의 감정과 특성을 살피기가 쉽지 않아요. 그렇기 때문에 엄마가 해주는 발레 스트레칭은 더 안전하다고 감히 이야기하고 싶어요. 아이가 어떤 동작을 좋아하는지 싫어하는지 관찰해보세요. 동작을 무리하게 아픔을 참고 하는지 엄마라면 쉽게 파악할 수 있을 겁니다.

엄마의 따뜻한 감성과 교감이 있는 발레 스트레칭을 하다 보면 바른 자세와 키 성장이라는 두 마리 토끼를 잡을 수 있을 겁니다. 아빠까지 참여한다면 더할 나위 없이 좋겠죠.

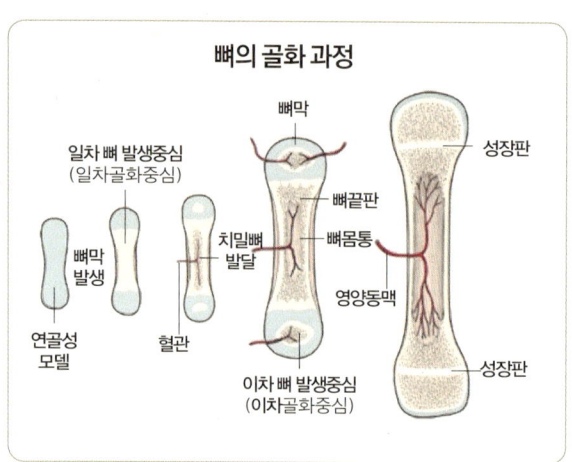

뼈의 골화 과정

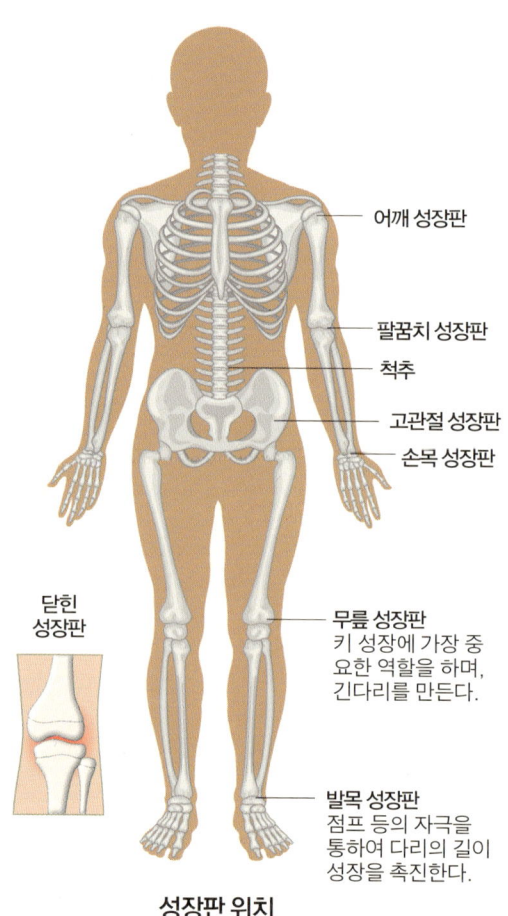

성장판 위치

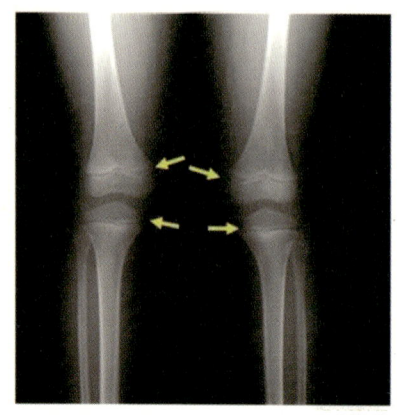

무릎 주위의 성장판

성장판의 위치와 스트레칭의 효과

스트레칭을 통해 우리 아이 성장에 도움을 주려면 성장판이 어디에 위치하는지, 그리고 어떤 식으로 성장판에 자극을 줘야 하는지 알아야겠죠? 우리 몸에서 길이 성장에 필요한 성장판은 어깨, 팔꿈치, 손목, 고관절, 무릎, 발목, 손가락뼈, 발 뒤꿈치 등의 뼈 말단에 위치하고 있습니다.

히로시마 의생명대학의 마사시 교수[Biomedical Engineering Society, 2008년 논문] 연구 결과에서는 적절한 물리적 자극이 성장판의 연골 세포의 증식을 촉진하고 콜라겐과 프로테오글리칸 등의 물질 합성을 증가시켜 성장에 도움이 된다고 보고하였고, 예루살렘 대학의 라이치 교수팀은 물리적 압박을 가하면 성장판의 석회화와 혈관 형성을 촉진시켜 성장에 도움이 된다는 논문을 발표한 바 있습니다.

최형규 교수팀은 '성장기 여학생의 복합운동 프로그램이 키 성장, 비만도, 근력 및 유연성에 미치는 영향'이라는 제목의 논문(한국발육발달학회지 Vol. 18, No. 1, pp. 37~44, 2010)에서 만 9세~14세 여학생을 대상으로 주 3회씩 12주간 유산소 운동, 근력 운동 및 스트레칭을 포함한 복합 운동 프로그램을 실시한 결과 운동 집단은 대조군에 비해 더 큰 신장 변화를 보였으며, 특히 9세와 11세에서 운동 전과 비교하여 운동 12주 후에 통계적으로 유의한 차이를 보였다고 합니다.

한편 정진욱 교수팀은 '성장기 여자 초등학생의 발레 프로그램 수행이 신체 조성, 체력 및 성장 관련 인자에 미치는 영향'이라는 논문(한국무용연구, 31권 2호, 2013)에서 실험군을 대상으로 1회당 90분, 주 3회, 총 12주 동안 규칙적으로 발레 프로그램 과정을 시행한

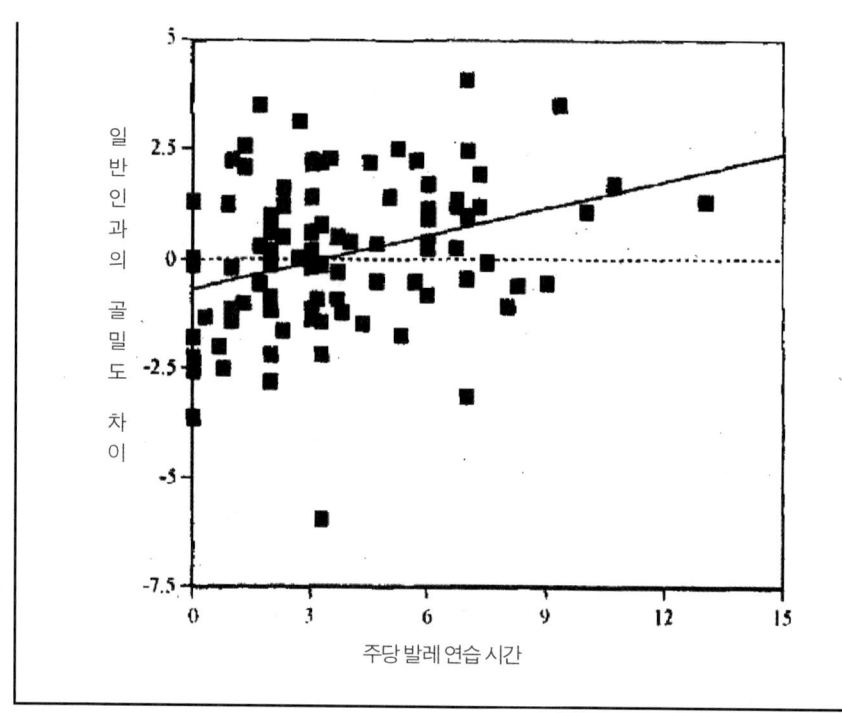

10~12세 사이의 발레 연습 시간의 정도와 성인이 되어 일반인과 비교한 대퇴골두의 골밀도 차이
Dr. Khan 등(1998년)

결과, 체력의 변화에서는 실험군의 근지구력, 근력, 평형성, 유연성이 대조군보다 증가하였고 성장호르몬 분비 상태를 반영하는 혈중 IGF-1$^{Insulin\ like\ Growth\ factor-I}$의 농도가 시기별로 유의한 차가 나타났다고 합니다.

호주 멜버른 의과대학의 카림 칸 교수는 성장기 아동에게 규칙적인 발레 연습이 뼈를 튼튼하게 만들고 키 성장에 도움이 된다는 연구 결과를 보고한 바 있습니다.

각 부위에 있는 성장판의 위치를 잘 이해하고 앞으로 설명해드리는 스트레칭 방법을 실제로 잘 따라 하면 우리 아이 키 성장에 많은 도움이 되리라 생각합니다.

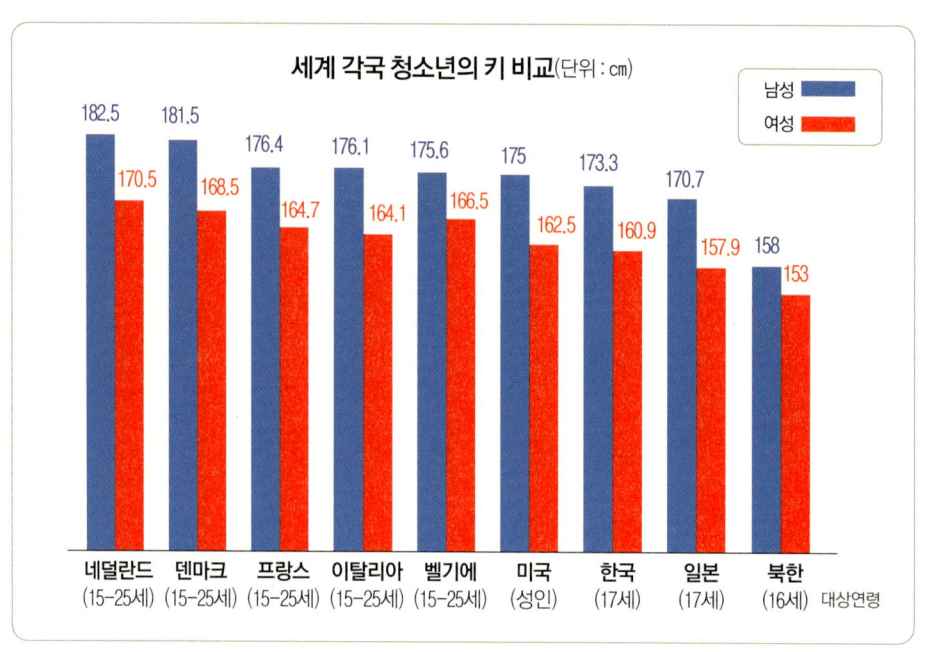

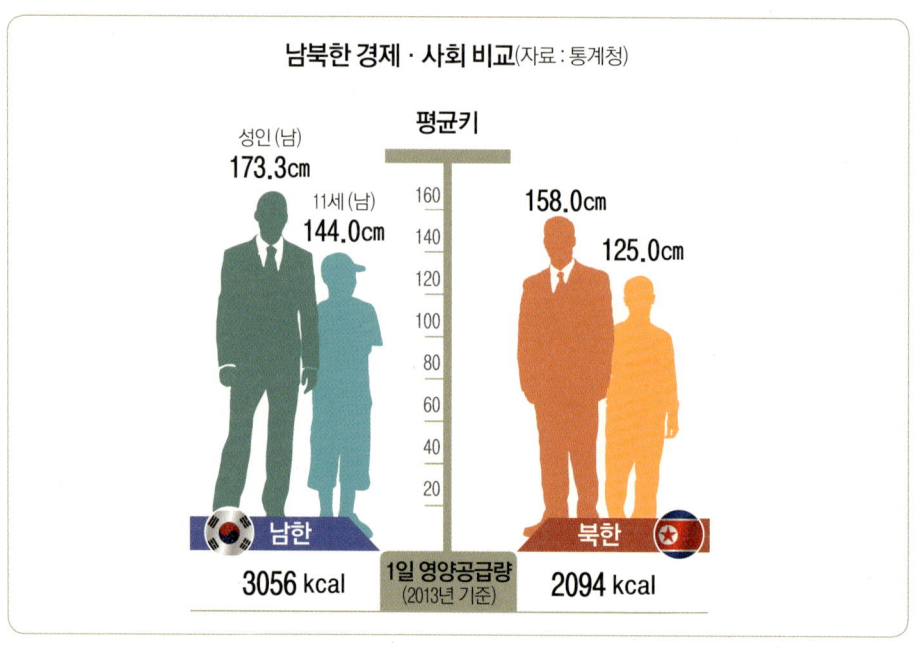

유전은 아이 성장에
얼마나 영향을 미칠까

내 아이의 키가 작으면 부모님들은 많은 걱정을 합니다. 콩 심은 데 콩 난다고 부모의 키가 작아서 어쩔 수 없다는 생각도 하고, 부모 중 한 명의 키가 작은 경우에는 내가 작아서라고 아이에게 미안해하기도 하며, 둘 다 큰 경우에 아이가 작으면 '왜 우리 아이는 키가 안 클까?' 하는 걱정과 의문을 갖게 되기도 합니다.

일반적으로 '성장'은 유전적인 요소가 크게 작용한다고 알려져 있습니다. 하지만 아직도 '성장'과 관련된 유전자에 대한 규명이 명확하게 되어 있지 않은 상태이고, 전문가들의 의견을 들어보면 성장과 관련된 유전과의 연관성은 30~70% 정도로 보고 있지요. 성장에는 유전 외에도 많은 요소가 관련이 있다는 의미입니다. 그럼 유전 외에 어떤 요소들이 성장과 관련이 있고 도움이 될까요?

우선은 균형 잡힌 영향 섭취가 필수입니다. 우리나라 청소년들은 평균 키가 아시아에서 제일 크지만, 영양 결핍에 시달리는 북한 청소년들은 같은 민족임에도 아시아에서도 제일 작다는 것이 그 증거겠죠.

그렇다고 마구 먹어서는 오히려 비만이 되어 성조숙증을 발생시켜 성장이 조기에 끝나는 경우도 있습니다. 비만 아동은 성장판에 체중 부하가 가중되어 성장판 연골의 분열 증식을 방해하고, 성호르몬의 분비를 촉진시켜서 성조숙증이 올 수도 있습니다. 일반적으로 성조숙증의 경우 2차 성징과 더불어서 갑자기 성장이 빨라져서 그 당시에는 또래들보다 키가 크지만, 성호르몬 때문에 성장판이 일찍 닫히면 나중에는 남들보다 작은 키가 될 수 있습니다. 또한, 또래 아이들과 다른 신체 발달로

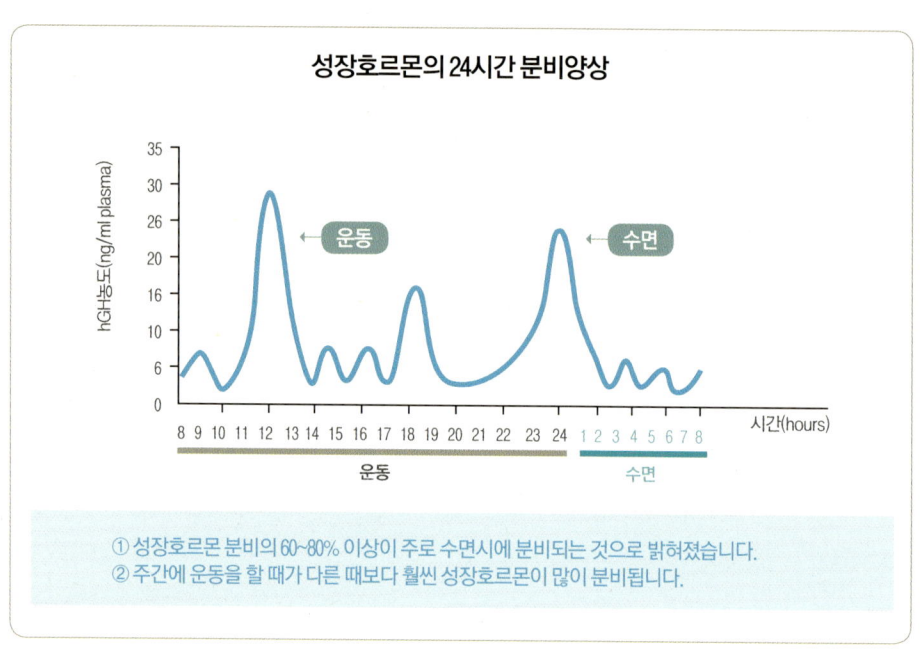

인해 심리적인 어려움을 겪을 수도 있습니다. 충분한 수면도 중요합니다. 성장호르몬은 자정이 넘은 시간에 분비가 활발한데 스트레스와 수면이 부족한 경우에는 충분한 분비가 안 되는 것으로 알려져 있습니다. 성장호르몬은 평균적으로 밤 10시에서 새벽 2시 사이에 가장 많이 분비된다고 합니다.

그렇기 때문에 성장호르몬에 크게 영향을 미치는 수면의 깊이와 함께, 잠자리에 드는 시간도 매우 중요합니다. 성장기에는 늦어도 12시 이전에 잠자리에 드는 것을 권유합니다. 또한, 늦은 시각에 야식을 먹는 것도 성장호르몬 분비를 저하시키기에 야식을 삼가는 것이 성장에 도움이 됩니다. 여기에 더불어 규칙적인 운동과 스트레칭은 성장호르몬 분비를 촉진시키고 성장판에 자극을 줘서 우리 아이의 성장에 많은 도움을 줍니다.

이처럼 아이 성장에 유전은 절대적인 요소가 아닙니다. '부모의 키가 크니까 우리 아이들도 나만큼 크겠지.'라는 안일한 생각을 갖고 있다면 아이는 부모의 기대만큼 자라지 않습니다. 또한, 일상에서의 사소한 행동들이 쌓이고 쌓여서 아이의 체형을 비뚤어지게 하고, 부모의 잘못된 체형과 자세를 아이가 은연중에 따라 하게 되면 성장에 나쁜 영향을 미치게 됩니다. 아이의 바른 자세는 부모가 먼저 실천해야 하는 부분입니다.

우리 아이 키 계산법

우리 아이의 예상 키는 환경만 잘 조절하면 15cm 더 클 수 있습니다. 일반적으로 통용되는 예상 키 계산법은 다음과 같습니다.

아들은 (아빠 키+엄마 키+13cm)÷2이고,
딸은 (아빠 키+엄마 키-13cm)÷2입니다.

예를 들어 아빠 키가 172cm, 엄마 키가 158cm라고 한다면, 유전적 자녀 최종 예상 키는

아들 예상 키 : (172 + 158 + 13)÷2=171.5cm
딸 예상 키 : (172 + 158 -13)÷2=158.5cm

이 계산법으로는 80% 정도의 정확도가 있기는 하지만, 의학계에서는 이 식을 '성장 속도나 영양 상태 등을 전혀 고려하지 않은 신빙성이 없는 공식'이라 지적하며 "환경 요인도 크게 작용하기 때문에 예상 키를 구하는 간단한 식은 없다."고 말하기도 합니다.

키는 '유전 영향을 가장 많이 받는 신체 특성'이라고 하지만 의학계에서는 "예상 키를 165cm라고 가정할 때, 20%의 환경 요인이면 최대 15cm는 더 크거나 반대로 더 작아질 수 있다."고 얘기합니다. 165cm에 15cm를 더하면 남자들의 꿈의 키 180cm가 될 수도 있다는 의미이며 환경 요인만 잘 맞추면 180cm도 꿈만은 아니라는 뜻입니다.

시기별 성장하는 키

키는 일반적으로 만 16~18세까지 자란다고 합니다. 이 시기까지 키는 꾸준히 자라는 것 같지만, 사실은 그렇지 않고 빨리 자라는 시기와 더디게 자라는 시기가 있으며 성장 속도에 따라 키 크는 시기를 나누어볼 수 있습니다.

01 제1성장 급성기

02 사춘기 전

01 제1성장 급성기

'제1성장 급성기'라고 하는 만 2세까지의 기간에 대략 30~40cm가 자란다고 합니다. 이 시기에 영양 부족이나 만성 질환이 생기면 세포수 부족으로 성장 장애가 생기며 나중에 또래의 성장을 따라잡기에도 어려움이 생깁니다. 따라서 영양 관리가 어느 때보다 중요한 시기입니다.

02 사춘기 전

만 3세 이후부터 사춘기 전까지는 조금 더 디게 성장하는 시기입니다. 유치원과 초등학교 저학년에 해당하는 이 시기에는 1년에 4~6cm 정도 자란다고 합니다. 흔히 아이는 잘 먹고, 잘 뛰어놀면 건강해진다고 하죠? 하루에 30분 정도 햇볕을 쬐면서 많이 뛰어놀게 하고 밤에는 푹 재워야 하며 다양한 운동과 스트레칭으로 체력을 키우고 성장판에 자극을 주는 것이 우리 아이 키 성장에 도움이 됩니다.

03-1 제2성장 급성기 (사춘기-女)

사춘기가 시작되는 초등학교 고학년부터 만 15~16세까지는 키가 빠르게 자랍니다. 사춘기가 시작되는 시점은 성별에 따라 달라서 여자 아이는 남자 아이보다 그 시기가 2년 정도 빠른 만 10~11세부터 사춘기가 시작되고, 이때부터 초경 전 2~3년 사이에 키가 많이 자라는데 1년에 평균 10cm 이상 큰다고 하며 초경 후 2~3년 동안 키 크는 속도는 둔화되어 3년 동안 약 6cm만 자라며, 대신 체중이 증가합니다. 중학교 2~3학년이 되면 여자 아이의 성장은 거의 멈춥니다.

03-2 제2성장 급성기 (사춘기-男)

만 12세에 사춘기를 맞는 남자 아이는 키가 연간 8~12cm씩 자라며 턱수염과 겨드랑이털이 난 후부터 성장 속도가 둔화하며 2~3년 후인 고등학교 1~2학년에는 키 성장이 거의 멈추게 됩니다.

성장판을 자극하고 근육을 발달시키는 데에 가장 좋은 것은 운동이며 성장호르몬 분비를 촉진하기 위해 운동과 숙면은 필수입니다. 운동 시간은 하루에 30~60분 동안 땀이 날 정도로 1주일에 3~4회가 적당하다고 합니다.

어린이 성장을 위한 5가지 요법

서울아산병원 소아정형외과 박수성 교수는 어린이 성장을 위한 5가지 요법DISSEN을 강조하였습니다. 비만예방Diet, 햇빛쪼임Sunlight을 통한 비타민 D 합성, 스트레칭Stretching, 규칙적인 운동Exercise, 성장 발달에 도움이 되는 영양소Nutrient가 함유된 음식을 꾸준히 섭취하는 것입니다. 5가지 요법 중 세 번째와 네 번째가 취학 전후 아이들과 함께 실행하기 힘든 것으로 이 책을 통해 하나씩 실천할 수 있으리라 봅니다.

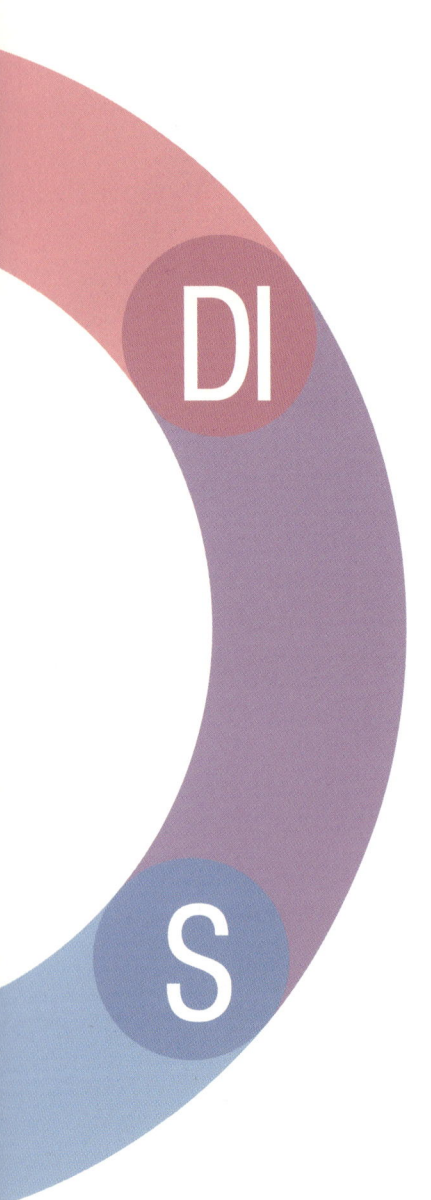

비만 예방을 위한 다이어트Diet

비만은 키가 크는 것을 막는 가장 큰 적입니다. 몸 속에 지방이 쌓이게 되면 성호르몬이 상대적으로 많이 분비되는데, 이러한 성호르몬이 성장판을 빨리 닫히게 합니다. 따라서 소아비만을 예방하는 것이 무엇보다도 중요하며 살이 찌지 않게 하는 식단에 신경을 써야 합니다. 먼저 칼로리가 높은 인스턴트 식품이나 짠 음식, 기름기가 많은 음식 등을 피하도록 합니다. 대신 성장에 필요한 단백질을 충분히 섭취하게 하고 저탄수화물, 저지방식을 하게 하며, 무엇보다도 비타민이 풍부한 과일이나 채소를 꾸준히 섭취하도록 합니다.

비타민 D 합성을 위한 햇빛Sunlight 쪼임

비타민 D는 뼈 발육에 상당히 중요한 역할을 합니다. 만약 성장기에 접어든 어린이가 적절한 일조량을 받지 못한다면 활성 비타민 D가 부족하여 골격 성장에 해를 받게 되므로 하루에 최소한 10~15분 정도는 아이들에게 햇빛을 쬐도록 권하는 것이 좋습니다.

 **스트레칭 체조**Stretching

팔, 다리의 관절을 쭉쭉 펴주는 운동의 일종으로 이는 몸을 쭉쭉 늘여주는 효과 외에 성장판 가까이 위치한 관절과 근육을 자극하기 때문에 키가 크는데 직접적인 도움이 됩니다.

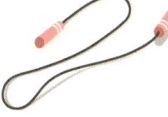 **규칙적인 운동**Exercise

하루 500번 정도의 가벼운 줄넘기는 가장 좋은 안전한 키 성장 운동입니다. 친구들과 어울려 할 수 있는 운동 중 농구는 인간 관계를 좋게 하고 또한 가볍게 점프를 하게 함으로써 성장판을 자극, 키 성장을 돕습니다. 반면 역도 등은 성장판에 과도한 압박을 가해 오히려 연골세포 증식을 억제함으로써 키 성장을 방해합니다.

 **영양소**Nutrient

콩이나 두부 등 식물성 단백질은 성장호르몬 분비를 촉진시킵니다. 등푸른 생선도 성장을 도와주는 식품으로 손색이 없는데 양질의 단백질과 불포화 지방산이 풍부하기 때문입니다.
단백질을 섭취할 때는 기름기가 많은 육류보다 생선이 좋습니다. 가능하면 육류를 먹을 때 기름기를 제거하고 먹는 것이 좋습니다. 후라이드 치킨 등 기름에 튀긴 고기는 지나친 지방 흡수로 비만을 유발, 역효과를 낼 수 있습니다. 또한 탄산음료에 있는 인산 성분은 뼈 성장의 필수 성분인 칼슘을 뼈에서 녹여 소변으로 내보내는 작용을 하므로 성장기 어린이에게 좋지 않습니다.

Part 1

발레의 기본자세 및 동작

01 바로 선 자세

발레의 가장 기본적인 동작이에요.
척추와 상체를 바로 세워 의식적으로 바르게 서는 것이 중요해요.
이 동작만으로 아름다운 선과 자세를 교정할 수 있어요.

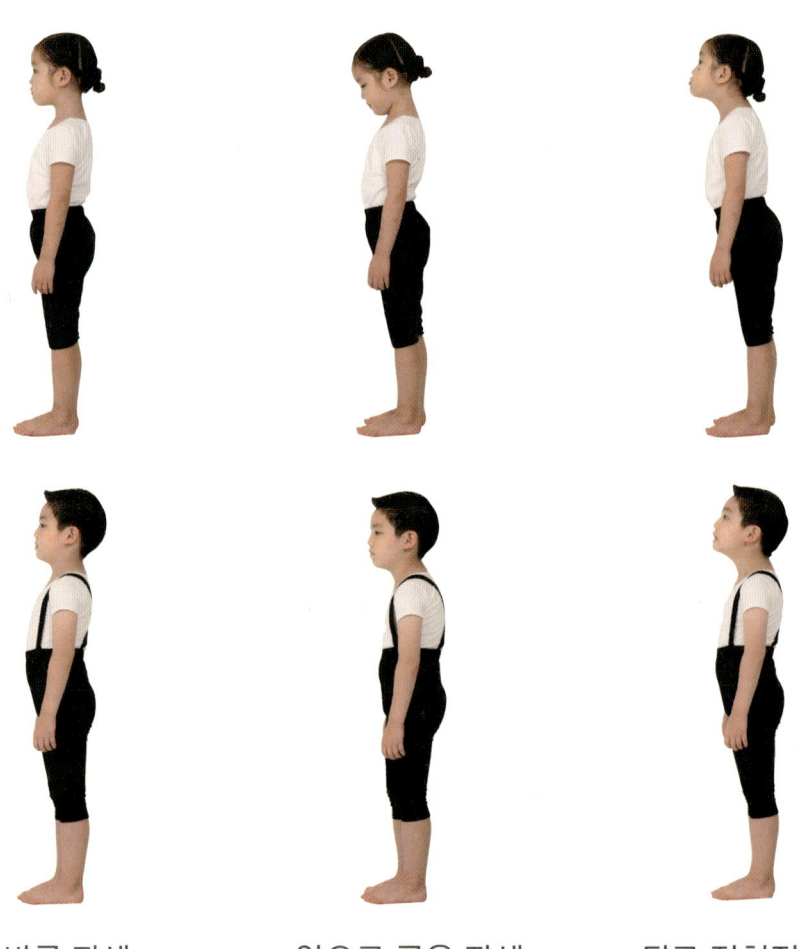

바른 자세   앞으로 굽은 자세   뒤로 젖혀진 자세

1 **자세 교정**
어깨, 귀, 골반, 복사뼈가 일직선이 되게 서야 해요.
양쪽 귀가 위로 잡아당기는 느낌으로 섭니다.

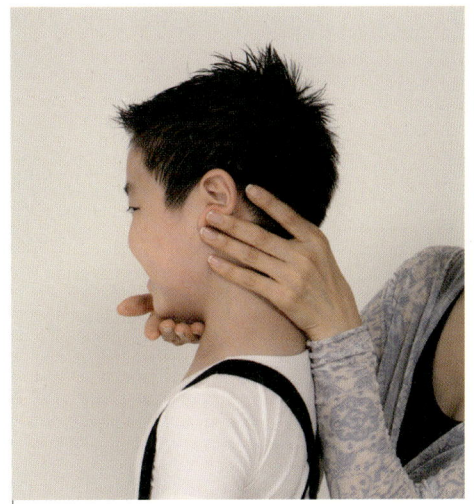

2 엄마가 뒷목을 잡아주며 위로 뽑아 올려줍니다.

3 턱밑에 손바닥을 받쳐서 고개가 뒤나 앞으로 젖혀지지 않고 편편한 곳에 턱을 올려놓은 듯한 느낌으로 서 있어요.

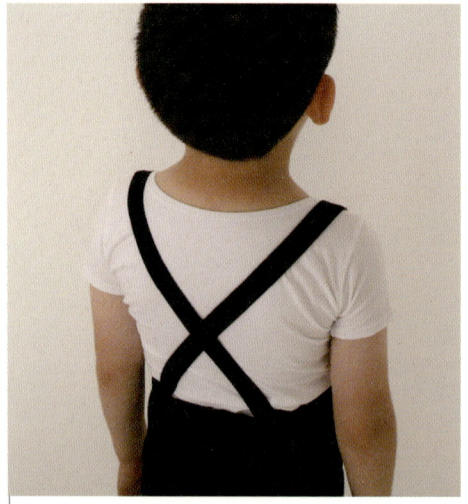

4 어깨가 옷걸이 모양으로 말려 있는 경우가 있어요. 대흉근이 짧으면 쇄골의 양끝이 평행하지 않고 올라간 모양이 됩니다.

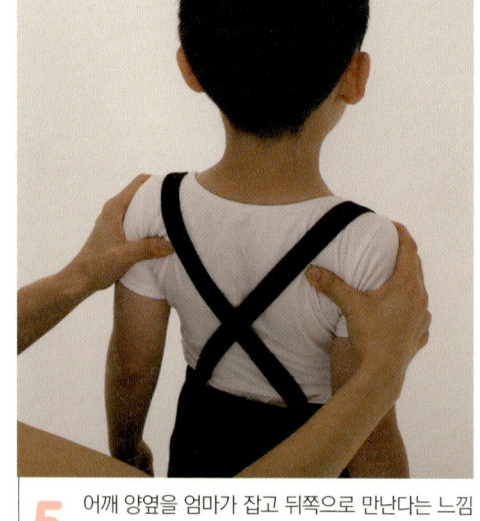

5 어깨 양옆을 엄마가 잡고 뒤쪽으로 만난다는 느낌으로 천천히 펴주세요. 이런 느낌으로 어깨를 펴라는 설명도 함께 해주세요. (양쪽 어깨를 뒤로 보낸다는 느낌으로 서 보라는 설명을 덧붙이면 바른 자세를 할 수 있어요.)

6 바른 자세를 할 때 목이 앞으로 빠지거나 턱이 들리는 경우가 있어요. 이런 경우에는 "손가락으로 '쉿'하며 입을 밀어주세요." 하면 턱이 빠지질 않아요.

엄마의 설명

"옛날 옛날에 발레하는 예쁘고 멋진 식물이 땅속에서 뿌리를 내리고 조금씩 자라서 우리 **(아이 이름) 같은 춤추는 발레 식물이 되었대."

"나무 아래 땅속에는 뭐가 있을까? 뿌리가 있겠지? 그러면 땅 위에는 뭐가 있을까? 가지도 있고, 꽃도 있고, 줄기도 있겠네."

아이들 척추를 만지며,

"여기가 줄기야. 그리고 눈에 보이지는 않지만 곧 머리 위에서 마법의 꽃이 필 거야."라며 몸을 나무에 비유하여 설명해요. 남자 아이의 경우에는,

"곧 머리 위에서 마법의 뿔이 나와 용감하게 만들어 줄 거야." 만약 고개가 기울어지면 "꽃이나 뿔이 예쁘게 자라지 않겠지요?"라며 재미있게 설명해요.

이 동작을 통해서 아이들의 자세가 바르지 않을 때 (TV를 볼 때, 책을 볼 때 등)는 "줄기를 펴라!"는 한 마디로 자세를 반듯하게 하는 효과를 얻을 수 있어요. 어린 아이부터 성인까지 오랜 기간 지도해본 결과 "척추를 바르게 펴세요!", "견갑골을 내리세요!" 이렇게 말하면 잘 알아듣지도 못하고 어떻게 해야 할지 몰라 난처해하는 경우가 많았어요. 저 역시도 그렇게 배워왔고 이해하는 데 시간이 필요했어요.

이제는 줄기라는 표현 하나로 우리 아이에게 쉽게 다가가요. 가장 중요한 아이의 첫 자세이기에 어디서나 "몸의 줄기를 펴라."고 한마디만 하면 신기하게도 자세가 바로 좋아진답니다. 지금 바로 시작해 보세요.

01 게임

종이컵 올리고 걷기

바로 선 자세를 잡아주는 즐거운 게임입니다. 머리 위에 종이컵을 올려서 떨어뜨리지 않고 제자리 걷기 놀이를 해보아요. 누가누가 더 오래 버티나 내기도 해볼까요?

1 종이컵을 잘 올려주세요.

2 종이컵을 올리고 게임 준비를 합니다.

3 자세를 잡고 게임을 시작합니다.

4 팔과 다리를 움직여 제자리 걷기를 반복합니다.

엄마의 설명

아이들이 생각보다 즐거워해서 웃다 보니 게임 시작이 안 되는 경우가 많아요. 화내지 말고 즐겁게 게임에 임할 수 있도록 합니다. 게임 중간중간에 앞에서 배운 바로 선 자세를 잘하고 있는지 체크해요.

02 포인, 플랙스

발레의 가장 기본적인 동작으로 발의 적정한 근육 발달로 뒤틀림 없이 발목과의 관계를 유지하여 발목 관절 강화에 효과를 볼 수 있습니다. 성장판은 연골의 유형이라 심한 자극에 약한데 이 포인, 플랙스 동작은 무리 없이 자극을 줄 수 있는 장점이 있습니다.

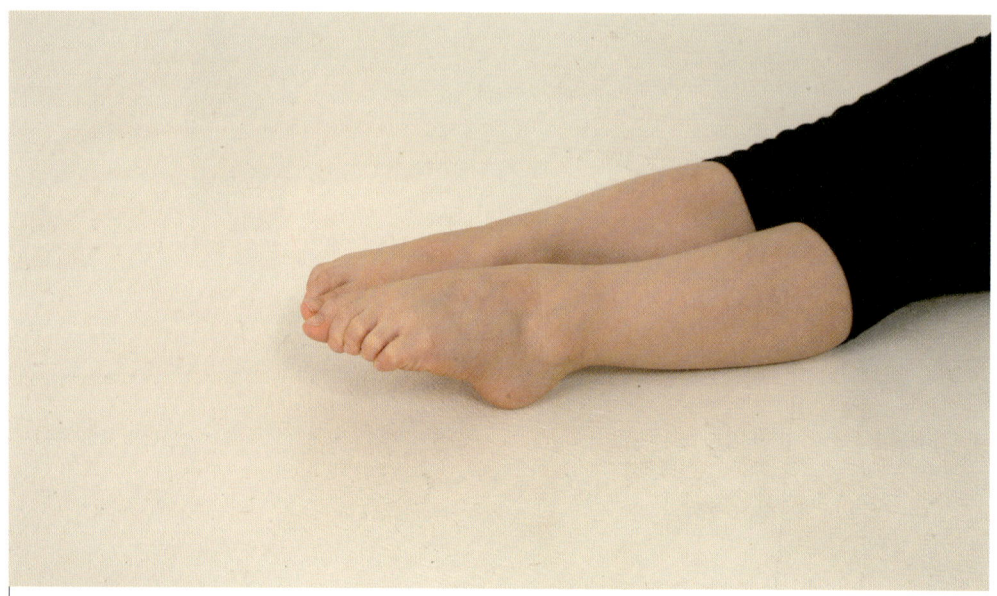

1 포인
양발을 가지런히 앉아 발끝을 모으고 발목을 곧게 뻗습니다. 이때 엄지발가락에 힘을 주고 최대한 길게 뻗쳐야 합니다. 이는 발의 안쪽보다 바깥쪽이 더 유연하기 때문에 엄지발가락에 힘을 주어야 발 바깥쪽으로 뻗는 것이 억제되고, 발 안쪽 부위에 뻗는 힘이 강화되어 정확한 자세가 나옵니다.

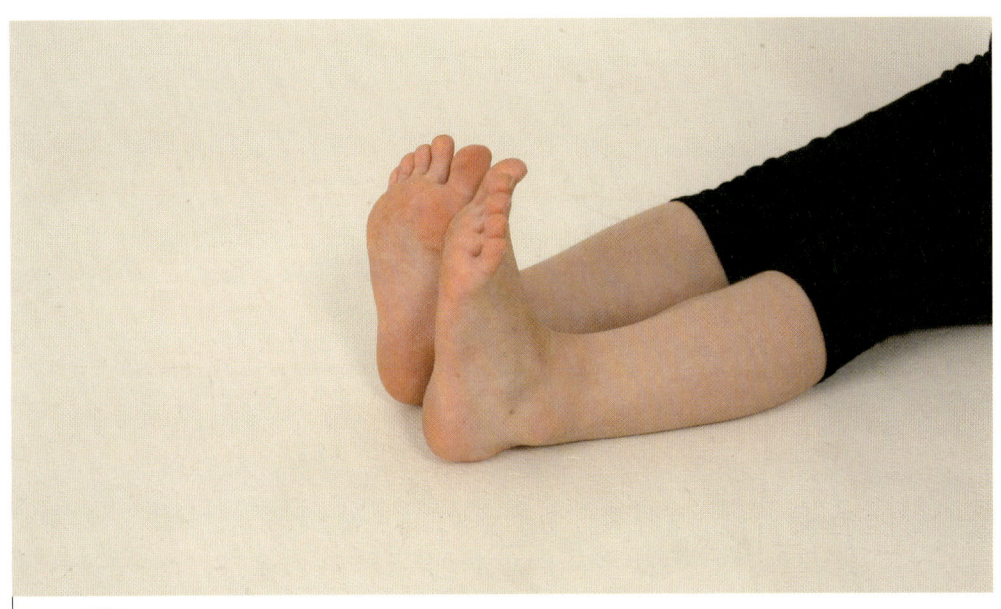

2 플랙스
포인 자세에서 발가락을 최대한 배 쪽으로 당겨줍니다. 이때 무릎, 발목과 발끝의 위치는 고정되어야 하며 무릎이 굽혀지지 않도록 주의해야 합니다.

03 발 포지션

지금까지도 쓰이는 발레의 5가지 발 포지션은 프랑스 루이 14세 왕의 발레 교사 피에르 보샹Pierre Beauchamps에 의해 처음 만들어졌어요. 발레는 이탈리아에서 처음 생겨나서 이탈리아의 공주가 프랑스로 결혼하게 되어 프랑스에 발레를 소개하게 되었지요. 그 후 프랑스에서 활발하게 추어진 춤이 발레예요. 발레는 남성의 예술이었고, 최초로 등장한 발레 스타도 프랑스의 태양왕 루이14세랍니다.

턴아웃Turn-out 자세

턴아웃은 일상생활에서 잘 사용하지 않은 다리의 뒤쪽 근육, 엉덩이 근육을 사용하게 하여 불필요한 군살을 없애며, 코어 운동에 탁월한 효과와 고관절 성장판에 자극을 줍니다.

발레에서 턴아웃 자세는 발레의 가장 기본이 되는 자세입니다. 양 발끝의 각도가 180도가 되면 좋지만 너무 무리하게 벌리면 무릎이나 발목만 돌아가서 다리에 무리가 갈 수 있어요. 턴아웃은 발과 무릎뿐만 아니라 골반 뼈부터 벌려주는 자세입니다. 처음 턴아웃의 시작 발은 무리가 가지 않는 90도 라도 상관이 없어요.

정면　　　　　　　　　　　측면

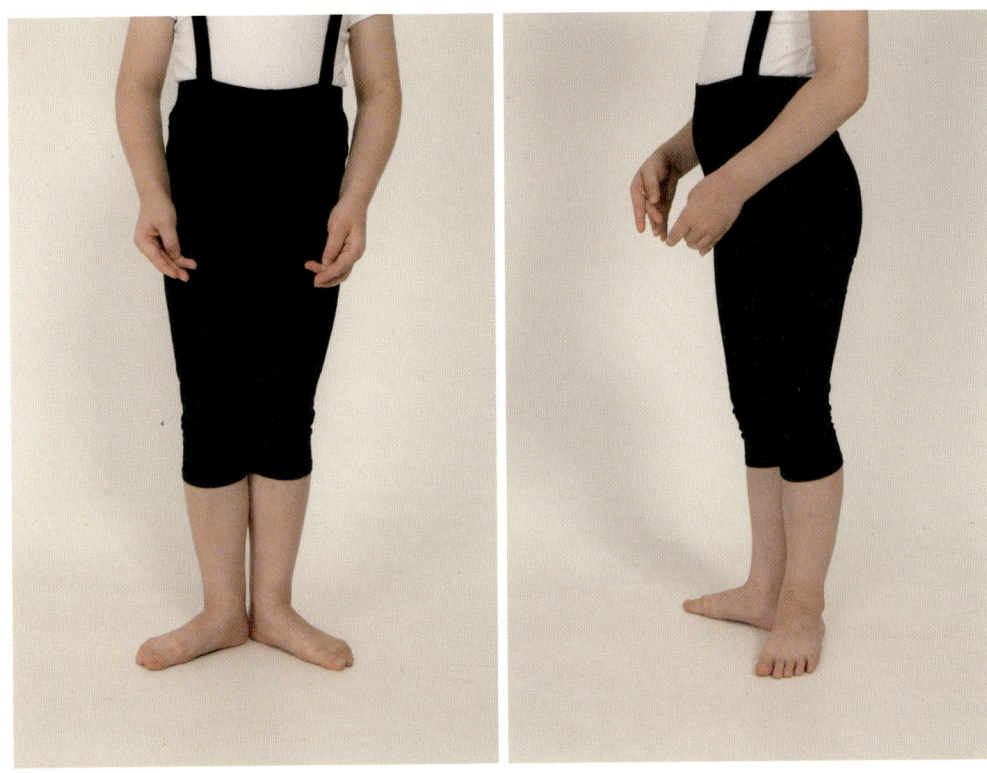

90도 각도의 턴아웃 자세로 시작해요. (전공자는 180도 각도이지만 가능한 각도로 시작) 무리한 턴아웃 자세는 발목과 무릎의 정렬을 깨뜨리고 무게 중심을 흩트리게 합니다.

아래 1~5번 발 포지션 동작에서 골반과 상체는 바른 자세(바로 선 자세 p.30 참조)로 유지하도록 합니다.

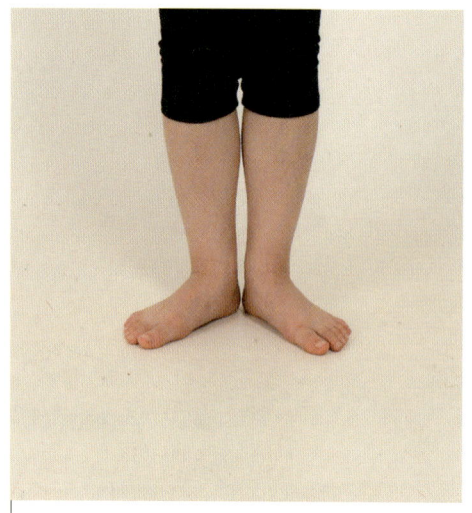

1번 포지션
발바닥을 바깥쪽으로 벌린(턴아웃) 두 다리의 형태로 발뒤꿈치에서 허벅지 안쪽까지 붙여서 일직선을 형성하게 됩니다. 이때 양쪽 다리를 붙인 상태에서 양발의 발뒤꿈치를 붙입니다.

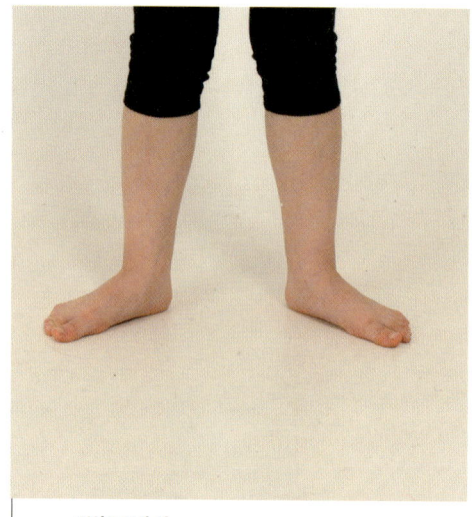

2번 포지션
1번 포지션에서 양 발뒤꿈치 사이를 한 발짝 정도의 간격이 되게 오른발을 옆으로 벌립니다. 이때 몸의 무게 중심은 몸의 중앙에 갈 수 있도록 합니다.

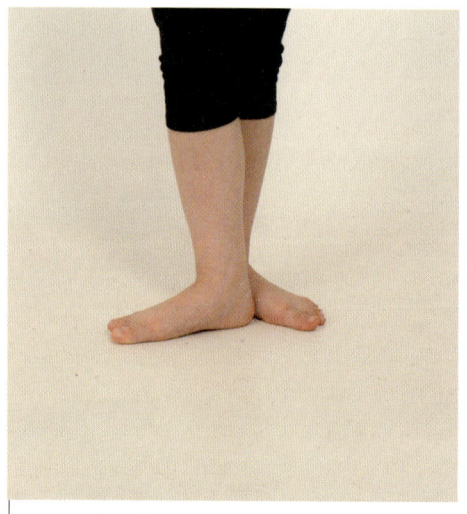

3번 포지션
2번 포지션에서 오른발 뒤꿈치가 왼발 안쪽 절반쯤 교차하게 앞으로 위치합니다. 발을 바꾸어 동일하게 동작해봅니다.

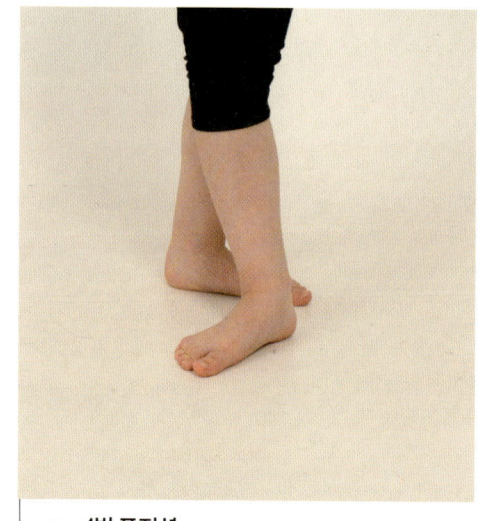

4번 포지션
앞발과 뒷발 사이에 발 하나가 들어갈 정도의 간격을 유지하고 앞뒤로 나란히 섭니다. 이때 앞발 뒤꿈치와 뒷발 엄지발가락을 나란하게 만드세요. 발을 바꾸어 동일하게 동작해봅니다.

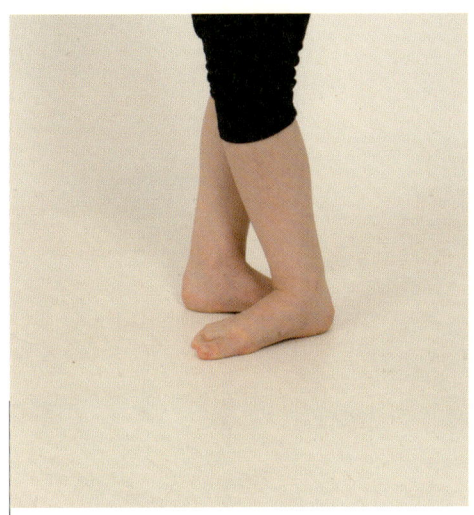

5 5번 포지션
양발을 앞뒤로 나란히 두고(최대한 평행하게) 뒤꿈치가 바닥에서 떨어지지 않아야 합니다. 발을 바꾸어 동일하게 동작해봅니다.

04 팔 포지션

손가락과 팔꿈치에 힘이 가해지면서 어깨 주위의 소근육을 자극하여 줍니다.

1 준비 포지션 (앙 바)
앙 바는 팔의 자세 중 가장 낮은 자세이고, 발레의 준비 자세입니다. 손은 긴장시키지 않은 채로 배에 힘을 주어 어깨가 구부러지지 않게 펴주고 가슴을 내밀어요. 이때 팔꿈치와 손목 부근을 둥글게 하고, 상체의 앞에서 타원을 만들어서 유지합니다. 양손의 손가락은 닿지 않게 주먹 하나 들어갈 정도가 적당해요.

2 1번 포지션 (앙 아방)
앙 바에서 팔꿈치부터 그대로 팔을 올립니다. (가장 높은 위치는 명치, 가장 낮은 위치는 배꼽) 양손이 배에 닿지 않게 하며 팔꿈치가 아래로 떨어지지 않게 주의합니다.

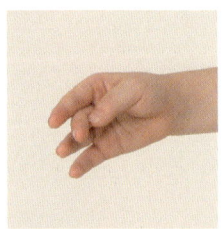

엄지손가락을 가운뎃손가락 세 번째 마디에 살짝 갖다 붙입니다.

3 **2번 포지션 (알 라 스꽁드)**
양팔을 어깨 높이 약간 아래에서 편 후 팔꿈치만 살짝 구부린 자세입니다. 2번 포지션의 연습으로 들어가기 전에 3번 포지션을 미리 습득하길 권장합니다. 앙 오에서 꽃 봉오리가 피는 느낌으로 두 팔을 양옆으로 길게 뻗어 팔꿈치를 아주 살짝 구부린 자세입니다. 이때 팔꿈치가 바닥을 향하지 않게 하고, 새끼손가락도 바닥을 향하지 않도록 주의합니다.

4 **3번 포지션 (앙 오)**
앙 아방에서 둥근 원을 유지하면서 팔을 그대로 머리 위로 들어주면 앙 오가 됩니다. 이때 양팔이 뒤로 넘어가지 않도록 손이 이마 위쪽으로 올라가는 느낌으로 시선을 위로 했을 때 손의 날이 보이는 정도가 적당합니다.

05 쁠리에 Plie

드미 쁠리에 Demi-plie

쁠리에는 '구부린다'는 뜻으로, 무릎을 반쯤 굽히는 '드미 쁠리에'와 허벅지를 수평이 될 때까지 많이 내려가는 '그랑 쁠리에'로 나눌 수 있습니다. 아래의 사진처럼 드미 쁠리에는 무릎을 반쯤 구부리는 동작임을 알 수 있습니다. 발레의 기본 동작인 발 포지션과 드미 쁠리에 동작은 보통 학원에서는 바를 잡고 연습하지만 집에서는 의자 또는 엄마의 손을 잡고도 충분히 할 수 있는 동작이에요. 이 동작은 아킬레스건과 복사뼈의 인대의 발달과 무릎 성장판, 고관절 성장판 자극에 효과적입니다.

1 발 1번 포지션
정확한 1번 포지션으로 섭니다.

2 1번 드미 쁠리에
무릎을 발가락 방향으로 굽히며 뒤꿈치가 바닥에서 떨어지지 않을 정도로 많이 내려갑니다. 이때 무릎을 발가락 방향으로 턴아웃합니다.

엄마의 설명

"무릎이 창문이 되어 볼까?"
"창문을 활짝 열었더니 다이아몬드가 보이네?"
다리 사이의 모양을 다이아몬드라고 말해주면 자연
스럽게 발레 턴아웃을 익힐 수 있어요.

3 **드미 쁠리에 옆에서 본 모습**
상체는 수직을 유지하며 1로 돌아옵니다.

그랑 쁠리에 Grand-plie

그랑 쁠리에는 드미 쁠리에의 연장선으로 다리의 전체 근육 강화와 무릎, 발목의 고관절 성장판 자극에 효과가 있는 동작입니다.

1 발 1번 포지션
1번 포지션으로 선 후 허리 높이의 의자를 사용하거나 엄마 손을 잡고, (엄마 손바닥은 하늘로 향하게 하여 지지대를 만들어주세요) 바른 자세로 섭니다.

2 1번 드미 쁠리에
무릎을 발가락 방향으로 굽히며 뒤꿈치가 바닥에서 떨어지지 않을 정도로 많이 내려갑니다. 이때 무릎을 발가락 방향으로 턴아웃하며 척추가 뒤꿈치 방향으로 일자가 되게 내려갑니다.

3 1번 그랑 쁠리에
뒤꿈치가 최대한 조금씩 떨어지며 무릎을 발가락 방향으로 허벅지가 수평이 될 때까지 몸 전체를 아래로 내립니다.

엄마의 설명

쁠리에는 힘든 동작이지만 아이가 엄마의 눈을 맞추며 웃으면서 시작할 수 있습니다. 턴아웃을 하며 천천히 이 동작을 하면서 엄마는 드미 쁠리에 동작에서 "창문을 최대한 옆으로 열자."라고 말하면서 창문이 열리니 "다이아몬드가 보여."라며 설명합니다. 그리고, 이때 "뒤꿈치는 들지 않아요."라고 말해 줍니다.

그랑 쁠리에로 내려갈 때는 "줄기를 똑바로 세워서 땅 밑으로 다시 내려가 보자."라고 설명하면 바른 자세로 동작을 잘 이해할 수 있을 거예요.

4 1번 드미 쁠리에
드미 쁠리에로 뒤꿈치를 붙이며 돌아옵니다. 이때 무릎은 여전히 발끝 방향을 위치하고 있어야 합니다.

5 발 1번 포지션
바른 자세로 돌아옵니다.

05 응용 — 2번 쁠리에 (발 2번 포지션)

발 1번 포지션에서 발을 골반 너비로 벌려서 쁠리에를 실시하는 응용 동작입니다.

1. 발 2번 포지션
2번 포지션으로 선 후 허리 높이의 의자를 사용하거나 엄마 손을 잡고 (엄마 손바닥은 하늘로 향하게 하여 지지대를 만들어주세요) 바른 자세로 섭니다.

2. 2번 드미 쁠리에
무릎을 발가락 방향으로 굽히며 반 정도로 내려갑니다. 이때 무릎을 발가락 방향으로 턴아웃합니다.

3. 2번 그랑 쁠리에
뒤꿈치는 땅에서 떨어지지 않고 무릎을 굽히며 허벅지가 수평이 될 때까지 몸 전체를 아래로 내립니다. 이때 척추가 일자가 되어야 합니다. (5가지 발 포지션 중에 그랑 쁠리에 동작시 2번만 뒤꿈치가 떨어지지 않아요.)

엄마의 설명
발 1번 쁠리에랑 동일합니다. 단 2번 포지션은 뒤꿈치가 절대로 떨어지지 않아요.

4 2번 드미 쁠리에
몸을 유지한 상태로 드미 쁠리에로 돌아옵니다. 이때 무릎은 여전히 발끝 방향을 위치하고 있어야 합니다.

5 발 2번 포지션
2번 바른 자세로 돌아옵니다.

바뜨망 땅뒤 Battement tendu

06

'바뜨망'은 다리를 옆으로 움직이거나 다시 몸 쪽으로 움직이는 것을 의미합니다. '땅뒤'는 '펴다'라는 뜻입니다. 단순히 다리를 펴는 것이 아니라 호흡을 들고 허리를 세우고 지탱하는 다리에 무게 중심을 두고 하는 것이 중요합니다.

1 발 1번 포지션 바른 자세로 섭니다. 양손은 어깨 폭보다 넓지 않게 엄마 손(의자)을 가볍게 눌러줍니다.

2 오른발을 천천히 뒤꿈치부터 앞으로(엄마 쪽으로) 밀어냅니다.

3 체중은 지탱하는 다리(왼쪽 다리)에 있고 발끝을 쭉 뻗습니다. 발바닥으로 바닥을 쓸어 1번 자세로 돌아옵니다.

4 발 1번 포지션 바른 자세로 섭니다. 양손은 어깨 폭 보다 넓지 않게 엄마 손(의자)을 가볍게 눌러줍니다.

5 왼발을 천천히 옆으로 밀어냅니다.

6 체중은 지탱하는 다리(오른쪽 다리)에 있고 발끝을 쭉 뻗습니다. 그리고 다시 1번 자세로 돌아옵니다.

땅뒤 동작은 '오른쪽 앞 4번, 옆 4번, 뒤 4번'을 하고, 반대 발도 같은 숫자로 반복합니다. (균형 있는 자세를 위해 오른쪽, 왼쪽을 반복 연습합니다.)

7 발 1번 포지션 바른 자세로 섭니다. 양손은 어깨 폭보다 넓지 않게 엄마 손(의자)을 가볍게 눌러줍니다.

8 왼발을 천천히 뒤로 밀어냅니다. 체중은 지탱하는 다리(오른쪽 다리)에 있고 발끝을 쭉 뻗습니다. 그리고 다시 1번 자세로 돌아옵니다.

엄마의 설명

이 동작의 주의할 점은 한쪽 다리를 내놓아도 키의 크기가 변하지 않게 상체를 꼿꼿이 세워야 합니다. 무릎을 펴고 바닥을 밀어서 뻗어주어야 합니다. '땅 뒤' 발끝을 뻗는 위치는 지탱한 다리 뒤꿈치의 일직선상에 놓는 것이 가장 이상적입니다.

아이에게는 바닥을 다리미로 다리듯이 바닥을 강하게 눌러야 한다고 설명하는 게 좋아요. 그리고 발끝의 위치는 엄마가 도와주는 것이 좋습니다. 그러기 위해서는 의자를 잡고 하는 것이 도움이 됩니다.

07 롱드 잠 아떼르 Rond de jambe a terre

'롱드 잠 아떼르'는 바닥에서 돌린다는 뜻으로 한 다리로 바닥에 반원을 그리는 동작입니다. 발을 돌릴 때 발끝을 멀리 뻗어서 고관절을 움직인다는 느낌으로 하여야 합니다.

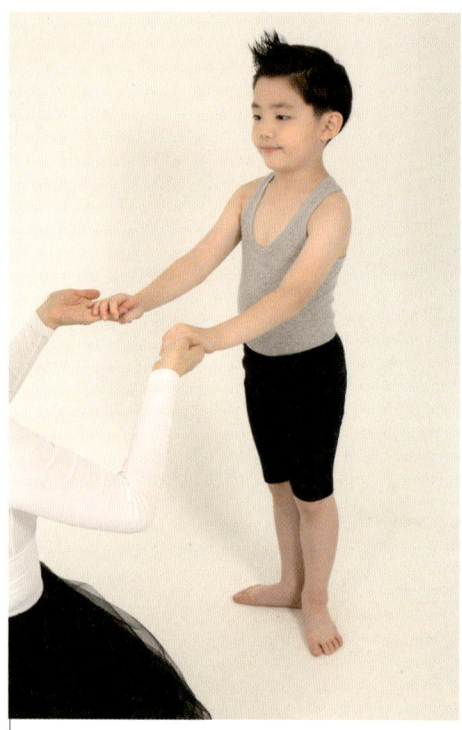

1 발 1번 포지션으로 어깨를 내리고 반듯하게 섭니다.

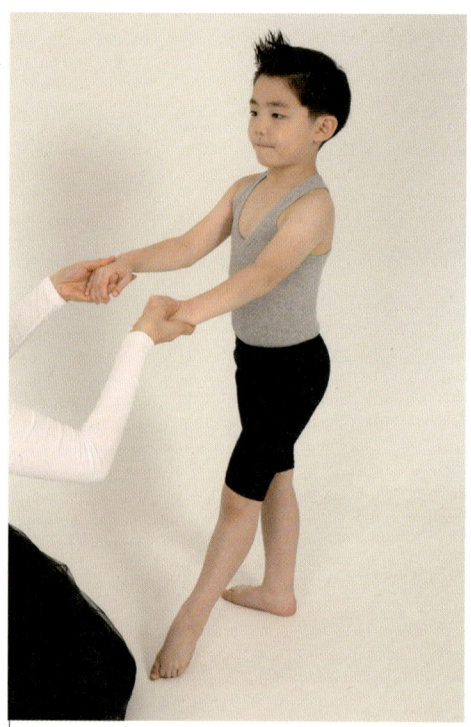

2 발 1번 포지션에서 다리를 앞으로 밀어내고 발끝까지 충분히 모읍니다. 이때 '뒤꿈치-볼-발끝' 순서로 폅니다.

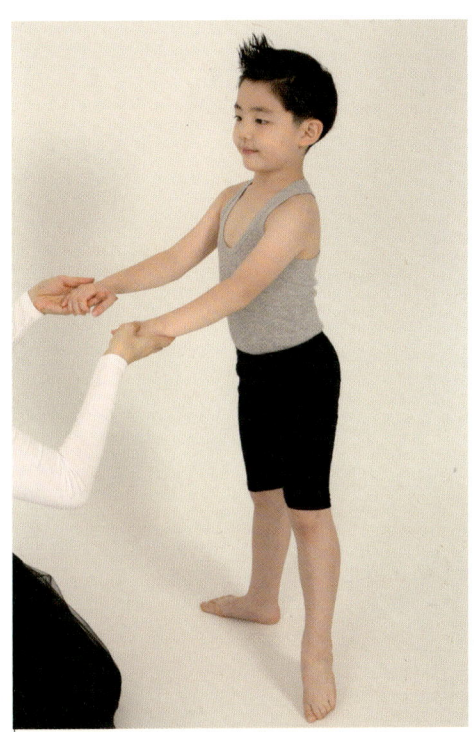 

3 2상태에서 발끝을 바닥에 붙인 채 발끝을 옆으로 가져옵니다. 이때 양 무릎이 펴져 있는지 뒤꿈치가 앞을 보고 있는지 체크합니다.

4 3상태에서 발끝을 바닥에 붙인 채로 다리를 뒤쪽으로 돌려 앞발 뒤꿈치와 일직선이 되는 곳까지 옵니다. 다시 발 1번 포지션으로 돌아옵니다.

이 동작은 고관절 회전을 느낄 정도로 천천히 반원을 그리는 것이 좋습니다. '앞에서 뒤쪽으로 4번, 뒤에서 앞쪽으로 4번 정도'로 반복합니다. (균형 있는 자세를 위해 오른쪽, 왼쪽 반복 연습합니다.)

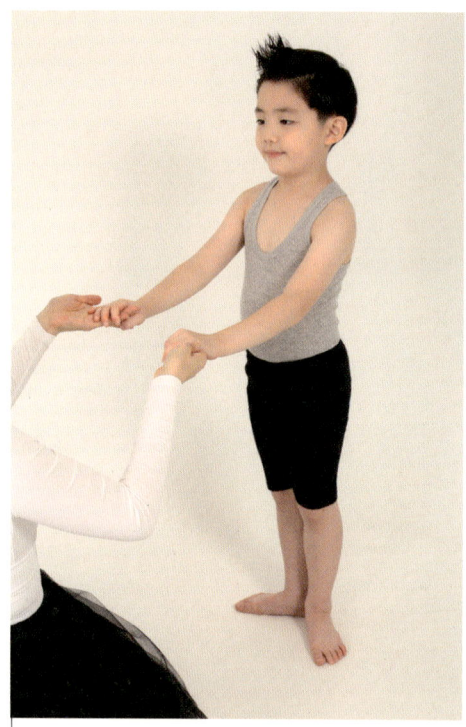

5 발 1번 포지션으로 어깨를 내리고 반듯하게 섭니다.

6 발 1번 포지션에서 다리를 뒤로 밀어내고 발끝까지 충분히 포인합니다.

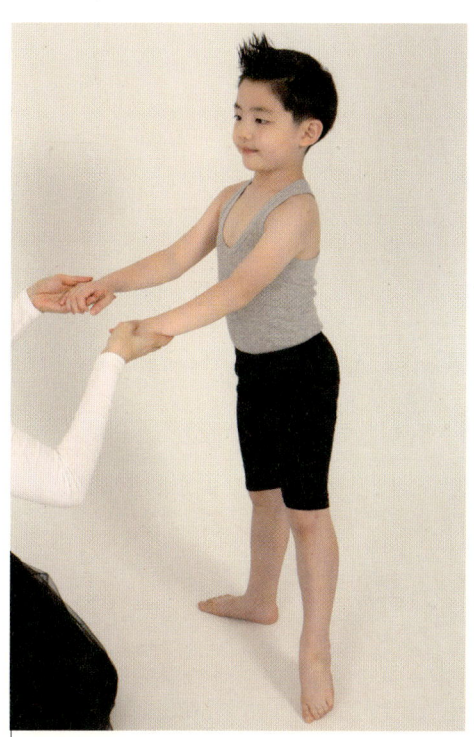 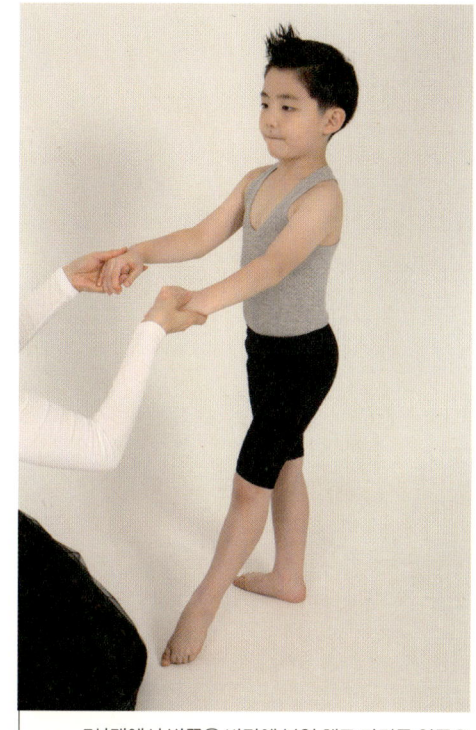

7 6상태에서 발끝을 바닥에 붙인 채 발끝을 옆으로 가져옵니다. 이때 양 무릎이 펴져 있는지 뒤꿈치가 앞을 보고 있는지 체크합니다.

8 7상태에서 발끝을 바닥에 붙인 채로 다리를 앞쪽으로 돌려 뒷발 뒤꿈치와 일직선이 되는 곳까지 옵니다. 다시 발 1번 포지션으로 돌아옵니다.

엄마의 설명

다리 동작을 하고 있지만 어깨는 내리고 척추는 세우며 지탱한 다리에 중심이 있어야 하며, 골반은 똑바로 앞을 향하고 있어야 해요. 엄마의 역할은 동작을 하며 아이의 자세를 체크하며 알려주는 것이 중요합니다. 아이에게 발끝은 크레파스나 연필이 되어서 큰 반원을 그린다고 설명하면 좋아요. (컴퍼스가 정확한 설명으로 좋겠지만 어린 친구들은 아직 모를 것 같아요.)

08 아라베스크 Arabesque

이 동작은 대퇴 후면근, 둔근과 척추 기립근을 강화시키고 고관절 성장판 자극에 효과적입니다.

1 왼쪽 다리로 서서 오른쪽 다리를 똑바로 뒤쪽 90도 높이의 공간에 뻗어요. 이때, 윗몸은 허리에서 위쪽 앞으로 기울이고, 등은 아치형의 곡선을 나타내야 해요. 둔부와 양 어깨는 일직선상에 있게 하고, 앞으로 향하여 양 어깨를 내립니다. 머리는 앞으로 뻗은 왼쪽 팔을 향합니다. 오른팔을 오른쪽 다리 위로 길게 뻗어줍니다. 사진과 같이 엄마가 허벅지랑 가슴 쪽을 받쳐주게 한 뒤 숙달되면 엄마가 아이의 왼쪽만 잡아줍니다. 신체의 고른 발달을 위해 반대쪽도 똑같이 반복하여야 합니다.

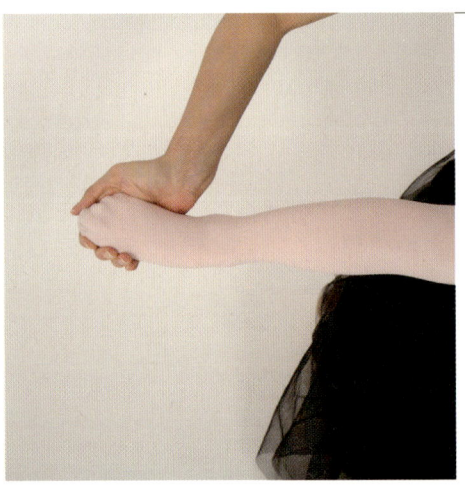

2 정확한 발끝
발끝은 바닥으로 떨어지지 않고 하늘로 향할수록 정확한 아라베스크 라인이 완성됩니다. 발끝이 완벽하지 않더라도 괜찮습니다.

3 의자를 잡고 정확한 발끝 턴아웃을 하고 난 후에 아라베스크로 올리면 발끝이 땅을 보는 걸 방지할 수 있어요. (양발의 무릎과 발등이 의자 쪽으로 향하고 있으면 턴아웃이 아닌 턴인 동작입니다.)

엄마의 설명

'아라베스크' 동작을 정확하게 하기는 쉬운 일이 아니에요. 정확한 발끝을 아이들에게 강조하기보다는 이 동작을 통해 성장판을 자극한다는 것이 포인트입니다.
"우리 아가! 줄기를 펴고 발끝을 저 멀리 우주까지 보내볼까?"라며 설명하는 것만으로도 아라베스크 동작은 충분해요.

09 데벨로뻬 Developpe

데벨로뻬는 '펼치다 또는 벌린다'라는 뜻으로 한쪽 발을 천천히 올려 펴서 균형을 이루는 동작입니다. 처음에는 누워서 연습하고, 그리고 의자를 잡고 연습하다 보면 나중에는 지지대 없이 할 수 있는 동작입니다.

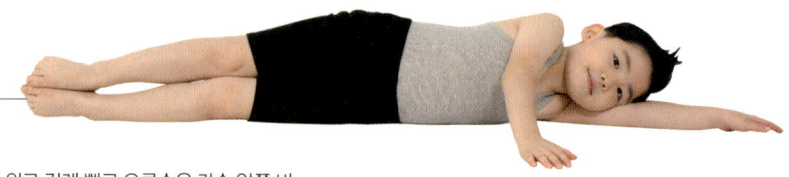

1 왼팔을 머리 위로 길게 뻗고 오른손은 가슴 앞쪽 바닥에 대고 중심을 잡습니다. 이때 발끝을 포인하고, 엉덩이를 조여 힘을 줍니다.

2 오른쪽 발끝으로 왼쪽 다리를 긁어 무릎까지 올립니다. 이때 대퇴부를 강하게 옆으로 돌리며 무릎이 최대한 천장을 보게 합니다.

엄마의 설명
옆으로 누워서 다리를 들기가 쉽지가 않아요. 앞으로나 뒤로 몸이 쏟아지려고 해요. 옆으로 누워서 되지 않는 동작이 똑바로 누워서나 서서 된다면 바른 자세가 아닐 확률이 높아요.
무릎을 많이 들어서 다리를 펼 때 발등을 귀에 붙인다고 생각하며 하라고 설명하면 자연스럽게 데벨로뻬 동작이 됩니다.

3 무릎의 위치를 최대한 높여서 다리를 폅니다. 약 2~3초간 밸런스를 잡습니다.

4 무릎을 편 상태로 허벅지 안쪽 내전근에 힘을 주며 천천히 내려옵니다. 이 동작은 오른쪽, 왼쪽 4회 정도로 반복합니다.

10 그랑 바뜨망 Grand battement

그랑 바뜨망은 '크게 차다'라는 뜻으로 무릎을 곧게 편 채로 다리를 높이 차는 동작입니다. 빠르고 가볍게 다리를 든 후 천천히 소리가 나지 않게 다리를 떨어뜨려야 합니다. '앞, 옆, 뒤 4회 이상' 합니다.

1 다리를 쭉 펴고 누워서 왼쪽 무릎을 접습니다. (두 다리를 펴고 해도 가능하지만 어린아이들은 무릎을 접고 하는 게 더 편안합니다.)

2 엉덩이와 다리에 힘을 주고 오른쪽 발등을 코에 온다는 느낌으로 빨리 찹니다.

엄마의 설명
그랑 바뜨망 동작에서는 아낌없는 칭찬과 함께 아이의 발 차는 높이보다 약간 높게 손을 가져가서 손에 가깝게 차보라고 하면 자연스럽게 더 높이 차려고 합니다.

3 소리가 나지 않게 천천히 1의 자세로 돌아옵니다.

4 팔을 머리 위로 길게 뻗고 오른손은 가슴 앞쪽 바닥에 대고 중심을 잡습니다. 이때 발끝을 포인하고 엉덩이를 조여 힘을 줍니다.

5 엉덩이와 다리에 힘을 주고 오른쪽 발등을 귀에 온다는 느낌으로 빨리 찹니다.

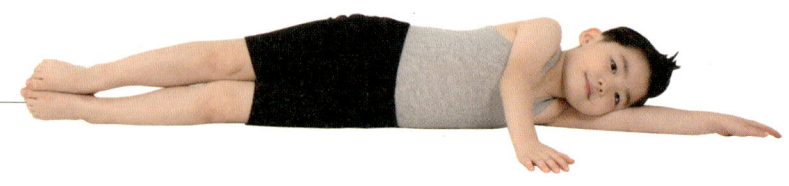

6 허벅지 안쪽 내전근에 힘을 주며 4의 자세로 돌아옵니다.

7 두 다리를 가지런히 발끝 포인하고 팔꿈치를 구부려 엎드려 눕습니다. 이때 손을 이마에 대어도 되고, 턱에 받쳐도 상관없습니다.

8 엉덩이에 힘을 주고 몸이 흔들리거나 엉덩이가 들리지 않게 다리를 최대한 뒤로 높이 찹니다.

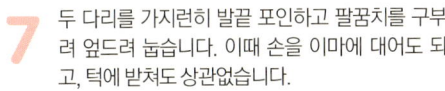

9 허벅지 안쪽 내전근에 힘을 주며 내려옵니다.

턴 turn

11

턴 시선

모든 발레 턴에는 시선이 기본이에요. 그래서 아무리 많은 회전을 해도 어지럽지 않은 이유가 바로 여기에 있어요.

시계 방향으로 회전시 시선 연습

1 정면을 봅니다.

2 오른쪽으로 몸을 회전하며 시선은 정면을 볼 수 있을 때까지 봅니다.

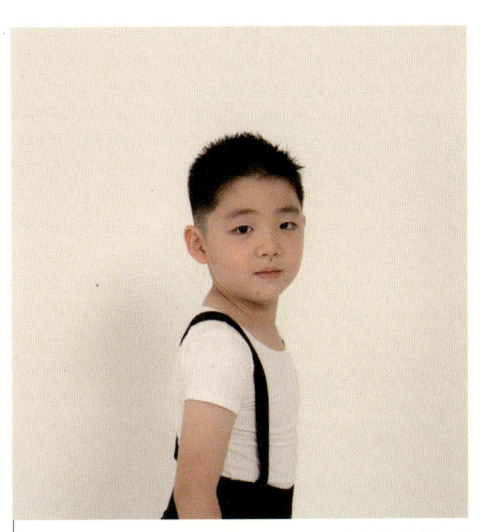

3 몸은 시계 방향으로 계속 회전 상태에서 시선은 재빨리 정면을 먼저 봅니다.

4 정면으로 옵니다.

턴 동작

위에서 연습한 시선과 동작을 함께 해보아요. 몸의 줄기(척추)를 펴고 나아가는 오른발은 절대로 굽혀질 않아요. 이 동작은 초보자가 하기에 쉽지는 않아요. 바른 자세와 스트레칭이 익숙해진 후에 해보기를 권합니다.

시계 방향으로 회전하는 동작

1 사진과 같은 준비동작이 완성되면 시선은 가는 방향으로 돌립니다.

2 오른발을 진행 방향으로 내딛고 무게 중심을 오른발로 옮겨가며 왼발을 오른발 앞으로 내딛을 준비를 합니다.

3 왼발을 오른발 앞으로 내딛고 시계 방향으로 회전하며 시선은 진행 방향을 계속 응시합니다.

4 시계 방향으로 회전을 지속하여 처음 시작한 방향까지 오면 한 바퀴 턴이 완성됩니다. 연속 동작시 같은 방법으로 반복하여 봅니다.

12 레베랑스 Reverence

발레 인사인 레베랑스는 '존경'의 의미로 발레 수업 전과 후 선생님께 인사를 표하는 동작입니다.

1 남자 레베랑스
발 1번 포지션 자세로 바르게 섭니다.

2 한쪽 팔은 옆으로(45도) 들고 왼발을 옆으로 포인합니다. (왼발 무릎과 발등이 정면을 보지 않아야 되는데 중심 이동이 오른발로 완전히 가지 않아 턴아웃이 아닌 턴인이 되었습니다.)

3 의젓한 태도로 양발을 1번 동작으로 서며 머리를 천천히 약간 앞으로 숙입니다.

엄마의 설명

레베랑스 동작은 여자의 경우 균형을 잡기가 쉽지 않아요. 딸아이의 경우도 비틀거려서 발끝으로 중심을 잡지 않고 발볼로 지탱하고 있어요. 정확한 동작을 하려고 하면 엄마와 아이가 힘들어져요.
이럴 때는 3의 남자 인사법의 발 모양에 6의 여자 인사 팔 모양을 해도 괜찮아요.

4 여자 레베랑스
발 1번 포지션 자세로 바르게 섭니다.

5 한쪽 팔은 옆으로 (45도) 들고 왼발을 옆으로 포인합니다. (턴아웃은 되었지만 중심 이동이 오른발로 완전히 가지 않아 포인이 되지 않았습니다.)

6 5의 발을 뒤로 보내서 발끝으로 균형을 잡고 등을 꼿꼿이 세우면서 천천히 무릎을 굽혀야 하는데 위 사진은 5에서 발끝 포인이 되지 않은 상태로 발을 뒤로 보내 발볼로 균형을 잡고 있습니다.

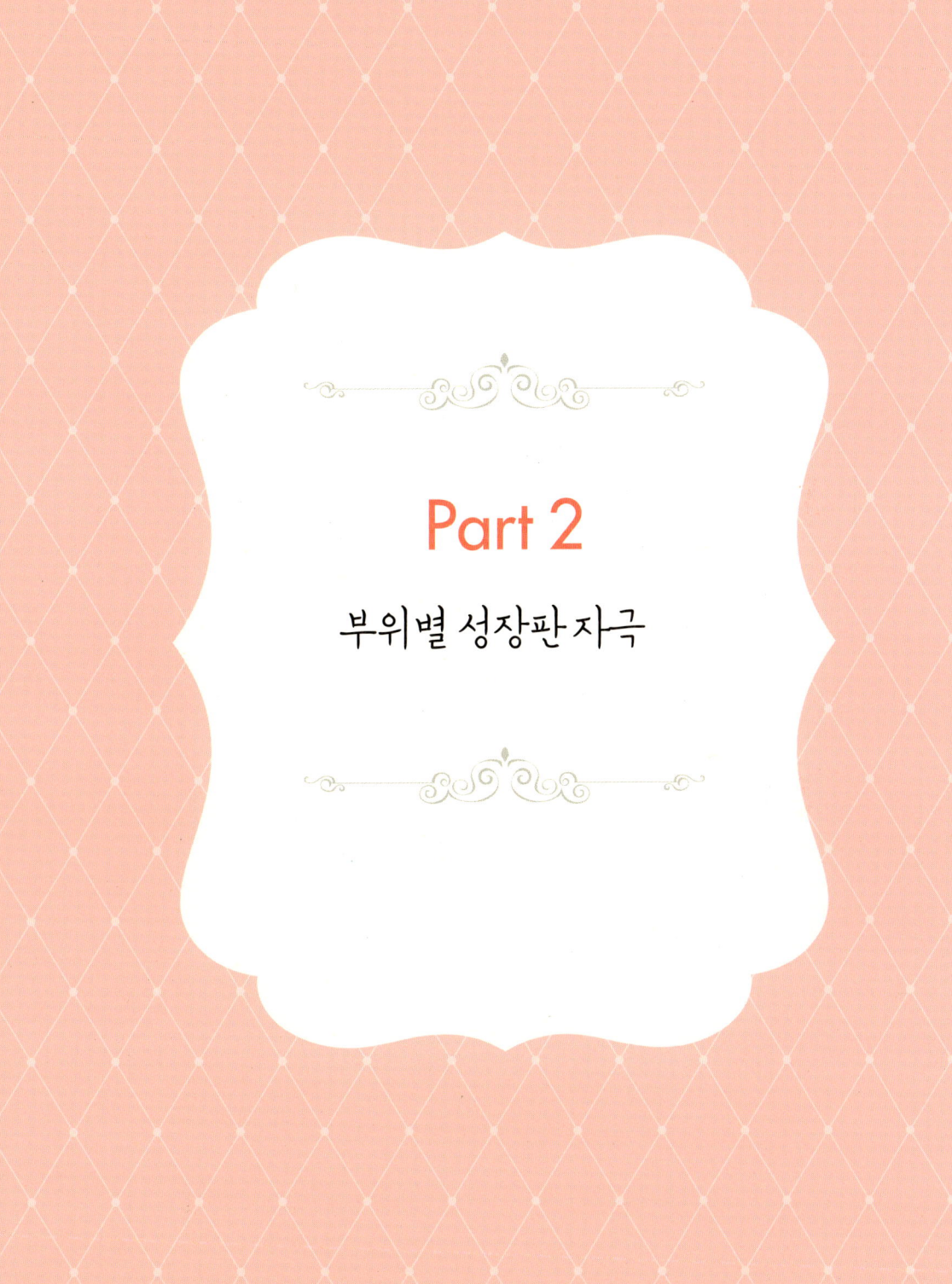

Part 2
부위별 성장판 자극

01 목 스트레칭

경직된 목을 풀어주고 승모근과 경추를 늘여 아름다운 목 라인이 만들어 져요. 이때 목과 쇄골이 길어질 수 있도록 스트레칭을 쭉쭉 해줍니다. 가늘고 긴 목선을 만들기 위해서도 목 스트레칭이 중요하지만 바르지 않은 자세로 앉아 있거나 스마트폰을 자주 보는 아이들의 목에도 좋은 스트레칭입니다. 목은 머리를 잡아주고 척추 중에서 가장 중요한 부분이기 때문에 지속적인 스트레칭이 아주 중요합니다.

1 앉아서 척추와 목을 쭉 펴고 왼손으로 오른쪽 귀나 머리를 지그시 누르며 목을 왼쪽으로 내려요. 이때 어깨가 틀어지지 않게 합니다.

2 오른손으로 왼쪽 귀나 머리를 지그시 누르며 목을 오른쪽으로 내려요. 이때도 어깨가 틀어지지 않아야 해요.

엄마의 설명

무리하게 움직이면 부상을 당할 수 있으므로 엄마는 스트레칭 하는 동안 "천천히 쭉쭉" 설명을 계속 해주어야 합니다. 우리는 아이들에게 "척추를 펴라."라고 말하지 않고 "줄기를 펴라."라고 설명해요.

3 오른손으로 머리 뒤쪽을 지그시 누르며 반대 손으로 '쉿' 동작을 하거나 턱을 잡아요.

4 턱과 얼굴을 위로 들어 두 손으로 턱을 천천히 밀어 줍니다.

02 손목 자극

손가락을 오므렸다 펴는 동작으로 팔 전체의 성장 발달과 혈액 순환을 돕고 전완근을 자극해 손아귀 힘을 길러줍니다. 손을 쥐었다 폈다 하면서 손목 성장판 가까이 위치한 관절과 근육을 자극하기 때문에 키가 크는 데 직접적인 도움이 됩니다.

1~2 손을 오므렸다 펴기를 8회 1세트로 2회 반복합니다. 팔을 앞으로, 옆으로 쭉 편 상태에서 하면 더 큰 운동 효과를 봅니다.

엄마의 설명

아이들은 어렸을 때 이야기를 들려주면 참 좋아합니다. 몇 번 세트를 세는 것도 좋지만 "잼잼" 말하면서 "네가 아기 때 엄마랑 많이 하던 놀이란다."라는 이야기를 해주면 더 즐겁게 스트레칭이 됩니다.

03 어깨와 척추

팔을 앞으로 뻗어줌으로써 어깨와 허리 주변 근육을 자극하고 이완시켜주는 데 효과적입니다. 또 척추 성장판 자극에 효과적입니다. 특히 어깨 성장판, 척추 성장판 관절과 근육을 자극하기 때문에 키가 크는 데 직접적인 도움이 됩니다.

1~3 무릎 사이가 벌어지지 않도록 모아 앉고(무릎 꿇는 자세) 척추를 곧게 펴서 두 손을 쭉 밀어내듯 길게 뻗어 바닥을 짚습니다. 이때 손가락을 쫙 펴주세요.

엄마의 설명

우리 아기가 엄마 뱃속에서 있었던 자세라는 설명과 함께 "그럼, 엄마 뱃속으로 들어가볼래?"라며 스토리 있는 아기 자세를 만들어봅니다. 아이의 스트레칭 정도에 따라 손바닥 밑에 책을 받치면 어깨가 더 스트레칭됩니다. 맨 처음으로 동작할 때는 엄마가 손을 잡고 서서히 당겨주면서 느낌을 알도록 합니다.

4 아이 팔을 잡고 서서히 당겨줍니다.

04 누워서 허리 비틀기

아이들의 외복사근, 척추 성장판을 자극합니다. 특히 척추 성장판 관절과 근육을 자극하기 때문에 키가 크는 데 직접적인 도움이 됩니다.

1 등을 바닥에 대고 누운 다음, 양팔을 벌려서 손바닥은 바닥을 향하게 합니다. 무릎을 구부리고 양발은 엉덩이 너비만큼(발뒤꿈치와 엉덩이 사이 간격) 벌려 골반 쪽으로 끌어당기세요.

2 오른쪽 바닥으로 내리면서 동시에 상체는 무릎과 반대쪽으로 돌리며 몸을 비틀어주세요.

3 2에서 1로 돌아온 후 왼쪽 바닥으로 내리면서 동시에 상체는 무릎과 반대쪽으로 돌립니다.

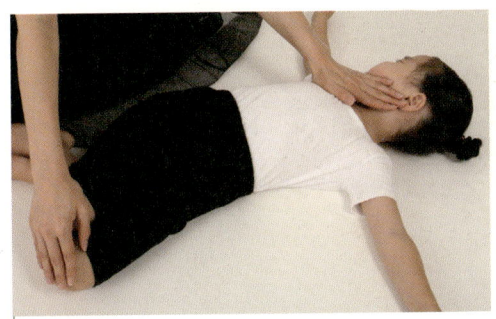 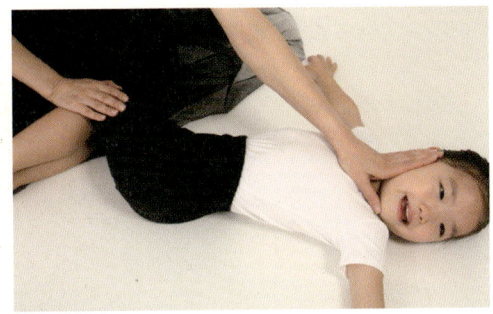

4~5 2와 3에서 엄마는 무릎 방향과 시선 방향을 반대로 지그시 눌러줍니다.

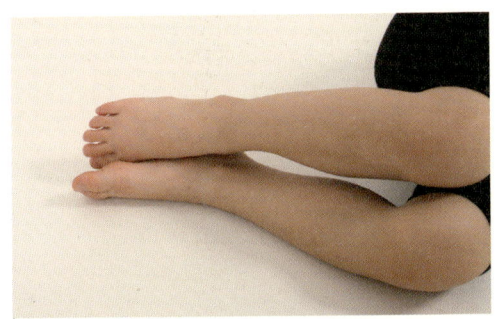

6 2와 3에서 두 다리가 벌어지지 않도록 합니다.

엄마의 설명

2와 3에서 아이가 혼자 동작을 할 때 아이의 시선이 옮겨질 때마다 엄마가 따라가서 "까꿍" 해주면 더 재미있는 스트레칭 시간이 되겠지요.

05 등 젖히기

대퇴 사두근, 복직근, 외복사근을 자극합니다. 특히 척추 성장판 관절과 근육을 자극하기 때문에 키가 크는 데 직접적인 도움이 됩니다.

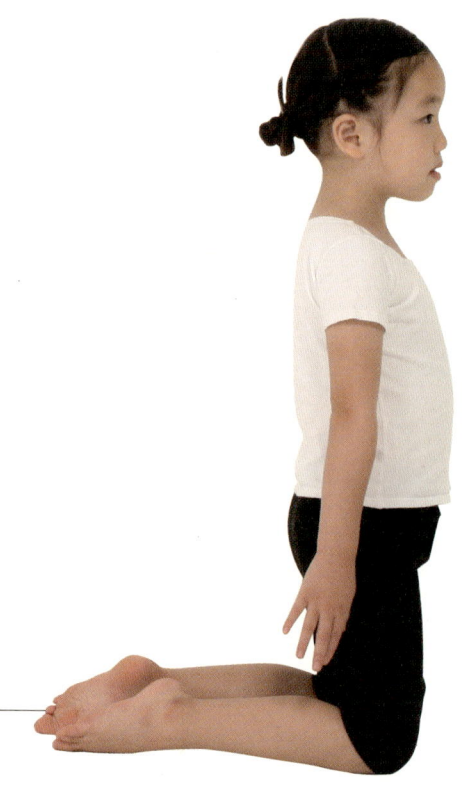

1 무릎을 엉덩이 너비만큼 벌려서 척추를 곧게 세웁니다.

엄마의 설명
아이들은 새로운 동작을 대할 때 어디에다가 힘을 주는지 모를 때가 많아요. 이때 엄마는 허리를 잡아주어 느낌을 알게 해주는 게 중요해요. 아니면 아이 앞에 같이 앉아서 배를 엄마 쪽으로 가까이 보내달라고 말해주어도 좋아요.

2 골반을 최대한 앞으로 밀고 양손으로 발목이나 발바닥을 잡고, 열을 세고 올라옵니다. 우리 아이는 아직 등 힘이 없는데 힘이 있고 유연한 경우 앙 오 자세를 만듭니다. (앙 오-팔 포지션 p.43 참조)

06 다리 깃발 세우기

발레 용어로 '르티레 드방retire devant'이라고 하며, 이 동작은 넓적다리 안쪽 근육과 허리 등의 근육들을 강화해주며 고관절 발달과 발목, 무릎, 고관절 성장판 자극에 효과적입니다. 특히 발목, 무릎, 고관절 성장판 관절과 근육을 자극하기 때문에 키가 크는 데 직접적인 도움이 됩니다.

1 발 5번 포지션(왼발 앞)에서 앞발을 발끝 포인하면서 르티레로 (무릎을 옆으로 들어 올려) 발끝을 무릎 하단 부위에 놓습니다. 3초간 밸런스를 잡은 후 5번 발 포지션으로 돌아옵니다.

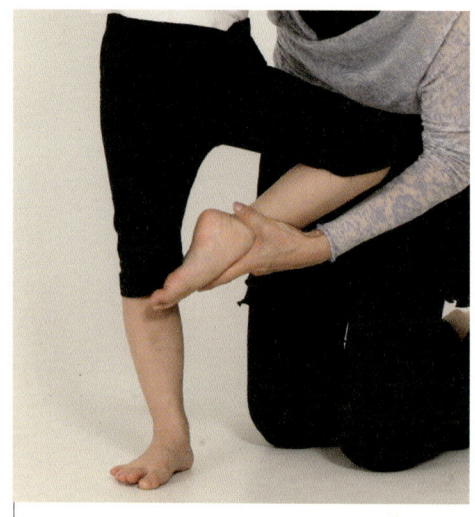

2 양손이나 한 손은 의자를 잡고, 엄마는 발등을 잡아 정확한 포인을 유지한 채로 발끝을 정확한 무릎 위치에 발가락 끝을 가져다줍니다. 정확한 발 5번 포지션에서 1동작을 3초간 유지시킨 후 발 5번 포지션으로 돌아가는 반복을 양발 8회 실시합니다.

올바르지 못한 예
들고 있는 발바닥을 무릎에 지탱하게 되면 운동 효과가 떨어지고 지지하는 다리의 무릎 관절에 부담을 주게 됩니다.

엄마의 설명

엄마는 무릎을 옆으로 돌리고 발을 2처럼 잡아주어야 합니다. 이때 다리가 깃발이 된다는 설명을 해주면 턴아웃을 더 신경쓸 수 있어요.

유의사항

원래 르티레 드방 동작은 발끝이 좀 더 높이 올라가야 해요. 아래 사진처럼 손가락 지점에 위치해야 합니다. 하지만 초등 2~3학년이 되기 전 아이는 근력의 힘이 부족해서 정확한 르티레 드방 동작이 잘 나오지 않습니다.

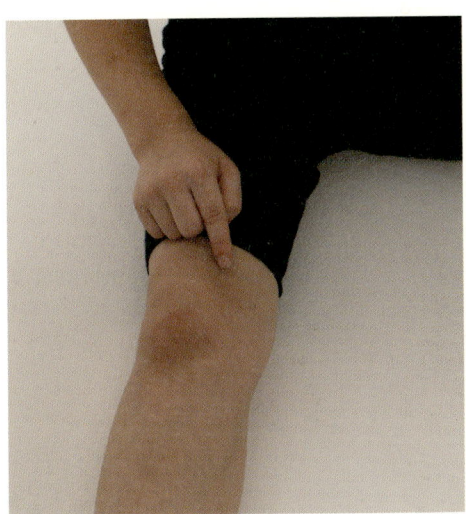

장요근 스트레칭

07

허벅지에 대퇴 사두근, 장요근 스트레칭을 통해 허벅지를 길게 해주는 동작입니다. 특히 무릎 관절과 근육을 자극하기 때문에 키가 크는 데 직접적인 도움이 됩니다.

1 왼쪽 무릎을 땅에 대고 오른쪽 무릎을 세워 무릎 앉아 자세를 취합니다. 이때 허리를 곧게 세워 정면을 바라보고 양손은 앞무릎에 위치합니다.

엄마의 설명

1동작에서 아이 앞에 마주 보고 앉아서, 2의 동작을 하면서 엄마한테 '뽀뽀'하러 오라고 설명을 해주면 자연스럽게 상체가 오게 됩니다. 힘이 드는 동작인데도 아이가 '뽀뽀'라는 단어에 애쓰며 스트레칭하게 됩니다.

유의사항

바닥에 매트나 수건을 깔아야 무릎이 아프지 않아요.

2 앞무릎에 체중을 실어 상체를 곧게 편 상태에서 전진하여 약 5초간 유지합니다. 반복하고 발을 바꾸어 해봅니다.

08 골반 회전 스트레칭

다리 스트레칭으로 고관절이 유연해지며 허벅지 뒤쪽 근육도 스트레칭이 됩니다. 고관절과 근육을 자극하기 때문에 성장판 자극에 효과적이어서 키가 크는 데 직접적인 도움이 됩니다. 다리가 시계추라는 설명과 함께 시계 방향과 시계 반대 방향으로 4회씩 반복합니다.

1 바닥에 누워 머리부터 발끝까지 직선으로 쭉 뻗습니다. 이때 팔은 수평으로 벌리고 손바닥은 바닥을 향합니다. 이때 엄마는 왼쪽 골반이나 다리가 뜨지 않도록 눌러주며 오른쪽 다리는 90도 높이로 들어줍니다.

2 오른쪽 다리를 멀리 보낸다는 느낌으로 보냅니다. 이때 골반이나 다리가 뜨지 않도록 눌러줍니다.

3 눌러준 상태에서 천천히 내립니다.

4 제자리로 돌아옵니다. 반대 방향으로도 다리를 돌립니다.

5~8 왼쪽 다리도 시계 방향과 시계 반대 방향으로 반복합니다.

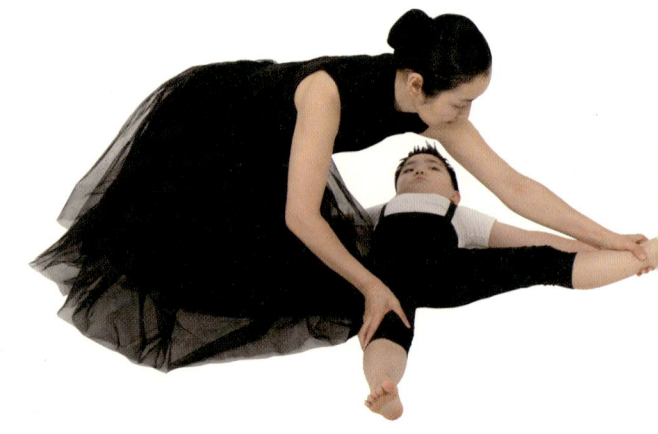

엄마의 설명

엄마는 아이의 몸이 직선으로 쭉 뻗어 있는지 체크해가며 골반이나 다리가 뜨지 않을 정도로 눌러주면 좋아요.

이때 "시계는 아침부터 똑딱 똑딱!~쉬지 않고 일해요!"라는 노래나 시계추 같다는 설명을 하며 동작을 유도하는 것이 좋아요. 저는 발을 코에 대는 시늉을 하며 즐거운 다리 스트레칭 시간을 보내기도 한답니다.

09 바뜨망 후라뻬 Battement Frappe

후라뻬는 '발을 날카롭게 때린다'라는 뜻으로 지탱하는 다리의 발목 높이에서 발을 바깥쪽으로 발볼로 바닥을 힘 있게 차며 밀어내는 동작입니다. 발레 전공자들은 매일 하는 동작이에요. 난이도가 있는 동작이지만 발의 근육을 자극하고 무릎과 발목 성장판 자극에 도움을 줍니다. 특히 발목, 무릎, 고관절 성장판과 근육을 자극하기 때문에 키가 크는 데 직접적인 도움이 됩니다.

1-2 의자나 엄마 손을 잡고 발 5번 포지션으로 몸을 곧게 세웁니다.

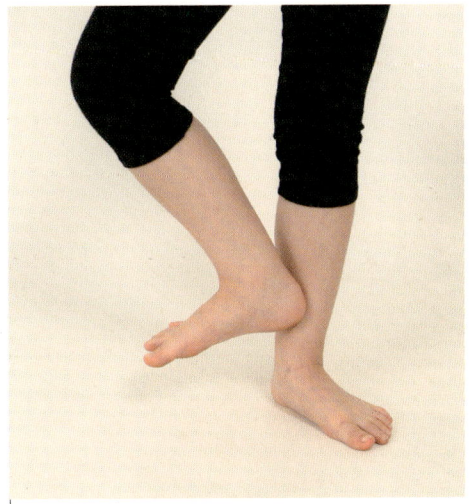

3 발목 위치에 뒤꿈치를 대고 준비를 합니다.

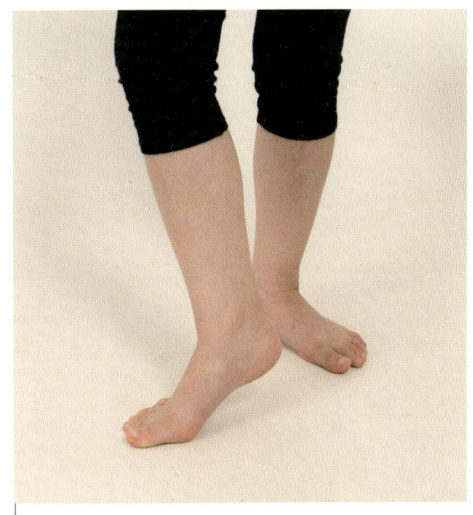

4 볼로 바닥을 강하게 칩니다. 이때 뒤꿈치가 먼저 나가는 느낌으로 지탱한 발은 절대 구부리지 않습니다.

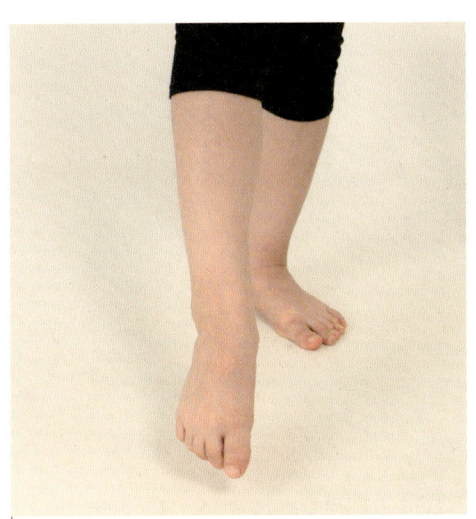

5 바닥을 치면서 다리를 쭉 폅니다. 뒤꿈치가 6처럼 보이는 자세가 가장 정확한 자세입니다.

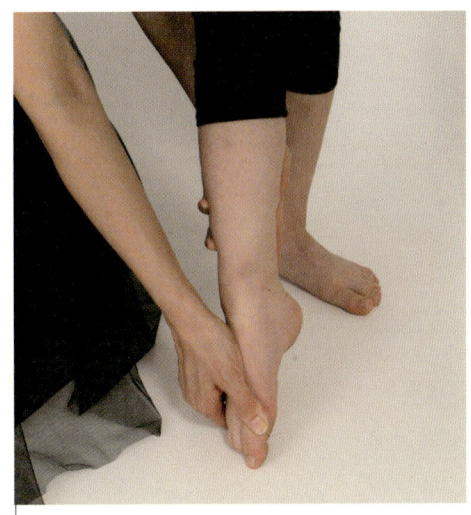

6 나간 다리 발끝 위치는 지탱한 다리 뒤꿈치 라인입니다. 엄마가 직접 자세를 잡아주세요. (발등과 무릎이 옆으로 향해야 합니다.) 반대쪽도 반복합니다. (앞으로 옆으로 뒤로 다 가능한 동작입니다. 어려운 동작이기 때문에 앞으로만 해도 됩니다.)

엄마의 설명

대부분의 아이들이 5와 같은 동작으로 됩니다. 이때 엄마가 6처럼 뒤꿈치를 앞쪽으로 밀어주면 턴아웃이 됩니다.

10 플랙스 스트레칭

플랙스 스트레칭으로 비근, 비복근, 햄스트링, 척추 기립근과 종아리 근육의 피로를 풀어주고 혈액 순환에 도움을 줍니다.

1 바닥에 앉아 다리를 쭉 뻗어 발끝이 위를 향하게 합니다. 이때 허리를 꼿꼿이 세웁니다.

2 손으로 발끝을 잡고 척추를 길게 폅니다. 이때 어깨를 최대한 내리고 무릎이 구부려지지 않게 주의합니다.

엄마의 설명

플랙스 동작을 설명할 때는 엄마한테 "허리 줄기를 펴고 발바닥을 보여주세요."라고 하면 금세 알아들어요. 이때 아래 사진처럼 척추 쪽을 지그시 펴지게 눌러주세요.

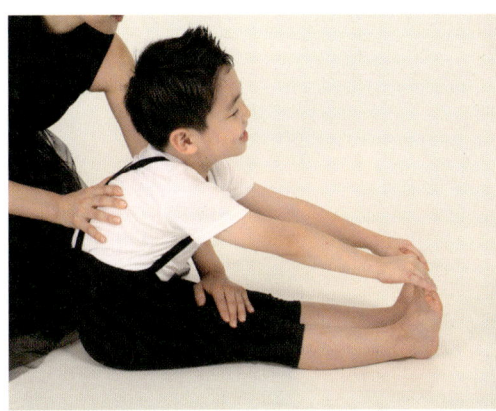

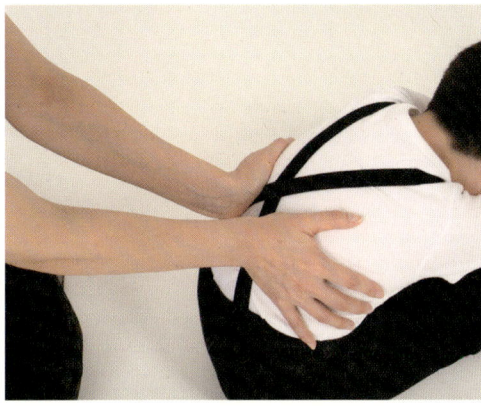

사이드 스트레칭

허벅지 안근육과 반대편 외복사근, 광배근, 삼두근의 스트레칭에 효과적입니다. 특히 팔꿈치 성장판과 근육을 자극하기 때문에 키가 크는 데 직접적인 도움이 됩니다.

1 한쪽 다리를 접은 상태로 앉습니다. 허리를 쭉 펴서 편다리 쪽으로 상체를 옆으로 젖혀 스트레칭합니다. 이때 왼팔을 머리 위로 넘겨 오른쪽으로 최대한 멀리 보냅니다.

엄마의 설명

사이드 스트레칭을 할 때 옆구리가 옆으로 스트레칭될 수 있도록 골반을 지지하고 어깨를 밀어줍니다. "옆구리랑 허벅지랑 뽀뽀하게 해볼까."라는 설명으로 아이가 조금 더 스트레칭을 할 수 있습니다.

2 반대 방향도 동일한 방법으로 합니다.

12. 점프 쑤브르소 soubresaut

이 동작은 척추 기립근과 다리 성장판 자극에 효과적입니다. 특히 발목, 무릎, 고관절 성장판과 근육을 자극하기 때문에 키가 크는 데 직접적인 도움이 됩니다.

1 발 5번 포지션으로 서고 팔은 준비 팔(앙 바) 자세를 취하세요.

2 두 다리를 발가락 방향으로 무릎을 벌려 다이아몬드를 만들어주세요.

엄마의 설명

이 동작은 매트 위에서 발끝 포인만 해준다면 아파트에서도 가능한 놀이입니다. '발끝-볼-뒤꿈치-쁠리에(무릎 굽히기)'까지 한다면 소리가 나지 않아요. 엄마는 공중에서 점프 후 내려올 때 자연스럽게 쁠리에 할 수 있도록 다이아몬드를 꼭 보여달라고 이야기를 해야 합니다.

3 2에서 두 다리를 눌러 뛰어 곧게 뻗은 채 뛰어 오르세요. 발은 서로 붙이고 발끝은 내리세요.

4 착지시 발끝부터 바닥에 닿고 두 다리를 쁠리에 하며(무릎을 굽혀야 다리에 무리가 없음) 바닥 위에 가볍게 내려옵니다.

5 발 5번 포지션으로 돌아옵니다. 반복 8회 정도 실시하고 양 무릎을 펴서 마무리합니다.

13 누워 다리 들기

복직근(하복부), 대퇴 사두근에 효과적입니다.

1. 누워서 양 무릎을 붙이고 다리를 일직선으로 뻗습니다. 이때 발끝은 포인을 하고 양팔은 수평으로 벌리고 손바닥은 아래로 향합니다.

2. 아랫배에 힘을 주고 무릎을 붙이고 두 다리를 뻗은 채로 천천히 들어 올립니다.

엄마의 설명

5회 반복하고 이 동작이 힘들 경우에는 무릎을 살짝 굽혀도 됩니다. 고개를 살짝 숙여 들면 상복부에 힘이 추가로 들어갑니다. 5회를 꼭 할 필요는 없습니다. 아이에 따라 엄마가 숫자를 조절하세요.

3~4 2번 상태에서 천천히 90도로 들어 올립니다. 다리를 들 때와 같이 천천히 내립니다.

14 고양이 한 발 스트레칭

삼각근, 척추 기립근, 대둔근, 햄스트링의 강화에 효과적입니다.

1 손바닥과 무릎을 어깨 너비로 벌리고 정면을 바라봅니다. 이때 허리와 등이 일직선이 되게 합니다.

2 한쪽 다리를 들어 올리며 무릎을 펴서 곧게 뻗습니다. 이때 발끝은 포인합니다.

엄마의 설명
손끝과 발끝을 멀리 보낸다는 설명을 하여서 밸런스를 유지시킵니다.

유의사항
바닥에 매트나 수건을 깔아야 무릎이 아프지 않아요.

4 반대쪽도 같은 방법으로 실시합니다.

3 반대편 팔을 앞으로 쭉 뻗어 팔, 등, 다리가 수평이 되게 합니다.

서서 허리 굽혀 스트레칭

15

척추 기립근, 햄스트링, 비복근 강화에 효과적입니다. 특히 팔꿈치, 척추 성장판과 근육을 자극하기 때문에 키가 크는 데 직접적인 도움이 됩니다.

1 양발을 어깨 너비로 벌리고 엄마의 손을 잡거나 어깨에 손을 올리고 섭니다.

2 허리를 곧게 세워 머리끝을 멀리 보낸다는 느낌으로 내려갑니다.(배, 가슴, 머리 순서로) 이때 골반이 뒤로 빠지지 않고 무릎은 편 채로 유지합니다.

엄마의 설명

배, 가슴, 머리 순서로 엄마랑 눈을 한번 맞추고 내려간 후 90도 상태(몸을 'ㄱ' 상태로 설명)에서 올라올 때는 엄마 눈을 맞추고 가슴, 배 순으로 올라오도록 설명합니다.

3 90도 지점에서 멈추어 5초간 정지합니다.

4 올라올 때는 머리, 가슴, 배 순서로 상체를 들어 올립니다.

16 발등 붙여 점프 스트레칭

이 동작으로 발목, 무릎, 고관절 성장판을 자극해줍니다. 특히 발목, 무릎, 고관절 성장판과 근육을 자극하기 때문에 키가 크는 데 직접적인 도움이 됩니다.

1-2 양손을 허리에 두고 섭니다. 그리고 제자리 뛰기 하여 발뒤꿈치로 엉덩이를 '콩' 하고 찍습니다. 이때 무릎 관절만 뒤로 굽혀서 다리를 접습니다.

엄마의 설명
공중에 점프해서 "발뒤꿈치로 엉덩이에 '쪽' 하고 뽀뽀하며 내려오자."라고 설명하면 아이는 자연스럽게 엉덩이를 '콩' 찍은 후 내려옵니다.

17 무릎 아웃, 인 스트레칭

이 동작은 골반을 열어 혈관을 이완시켜주고 골반을 지탱하는 근육이 단련되어 골반 교정 효과와 무릎 성장판, 고관절 성장판 자극에 효과적입니다.

1 양팔과 다리를 모아 발끝 포인을 합니다.

2 왼쪽 발끝으로 오른쪽 다리를 긁어 무릎까지 올립니다. 이때 허벅지를 끌어올리고 무릎을 바닥에 붙이는 것처럼 최대한 옆으로 합니다.

엄마의 설명

양팔을 벌리고 손바닥을 바닥에 대고 하면 더 안정적인 자세가 나오는데 저의 아이는 골반 옆에 손을 대고 하는 게 편하다고 합니다. 아이가 편하다는 자세로 해도 무방합니다. 1에서 2로 갈 때 "발끝이 연필이 되어 줄을 그으면서 가자."라고 설명하면서 "줄을 더 길게 긋자."라고 말하면 무릎까지 쉽게 끌어올릴 수 있습니다. 아이가 힘들어할 경우 엄마가 무릎과 발목을 잡고 도와주어도 됩니다.

3 2에서 벌린 무릎을 앞쪽으로 가져옵니다. (2와 3을 4회 반복합니다.)

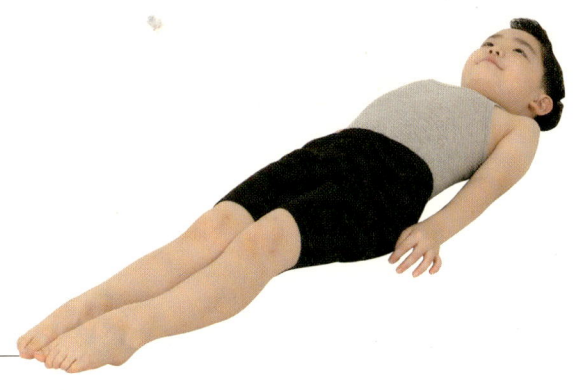

4 3에서 바로 내려와도 되고, 다시 2로 가서 왼쪽 발끝으로 오른쪽 다리를 긁어 제자리로 돌아오면 운동 효과가 훨씬 커집니다.

18 다리 들어 기다리기 스트레칭

이 동작으로 복부와 다리 근력이 단련됩니다.

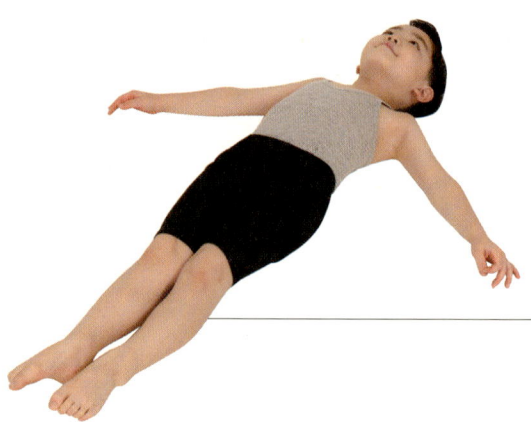

양팔을 펴고 다리를 모아 발끝 포인을 합니다. **1**

2 다리를 들 수 있을 만큼 들고 4초간 기다립니다.

3 제자리로 돌아옵니다.

엄마의 설명

쉽게 알아들을 수 있는 동작이지만 다리 들어서 4초간 기다릴 때 엄마가 힘을 낼 수 있도록 도와주세요. 손가락으로 초를 세면서 잘하고 있다는 칭찬을 하도록 합니다.

6 제자리로 돌아옵니다.

4 양발 끝을 가슴 쪽으로 당기는 느낌으로 발을 플랙스 합니다.

5 다리를 들 수 있을 만큼 들고 4초간 기다립니다.

19 고관절 회전 스트레칭

이 동작은 우리 몸에서 중요한 역할을 하고 있는 고관절 회전 스트레칭으로 고관절 성장판 자극에 효과적입니다. 고관절은 골반과 대퇴골을 이어주는 관절로 골반과 다리뼈가 연결되는 관절입니다. 이 관절은 체중을 지탱하여 걷고 뛰는 움직임을 가능하게 해주는데 고관절에 이상이 생기면 통증이 생기고 보행에 불편함도 생기게 됩니다. 스트레칭을 통해 유연하게 만들어주어야 합니다.

1 양팔을 펴고 다리를 모아 발끝 포인을 합니다. 엄마는 한 손으로는 발끝 포인을, 다른 한 손은 무릎 위를 눌러주세요. 이때 무릎을 바로 누르지 않도록 주의합니다.

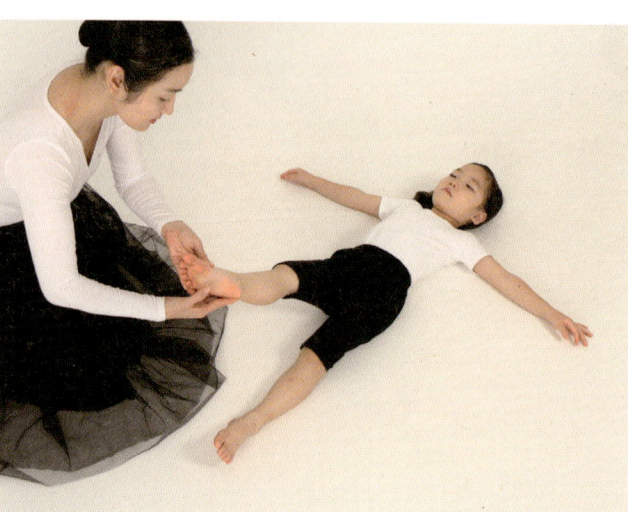

2 오른발을 포인시켜서 앞으로 45도 들어줍니다. 이때 무릎이 펴지는지 체크하면서 발끝 포인을 손으로 도와줍니다.

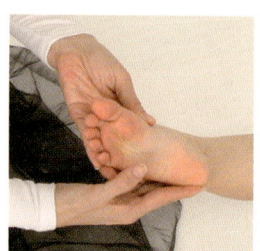

3 다리를 옆으로 원을 그리듯 보내줍니다. 이때 무릎이 굽히지 않도록 왼손으로 잡아줍니다.
(여기서 골반이 틀어질 경우 왼손으로 골반을 잡아줍니다.)

4 제자리로 돌아옵니다. 4회 반복하고 반대쪽도 같은 방법으로 합니다.

엄마랑 함께 해본 후에 혼자서 동작하도록 합니다.

5 양팔을 펴고 다리를 모아 발끝 포인을 합니다.

6 오른발을 포인시켜서 앞으로 45도 들어줍니다. 이 때 무릎이 펴지는지 발끝 포인이 잘되는지 체크합니다.

엄마의 설명

동작을 하면 다리든 반대골반이 다리든 쪽으로 따라가려고 합니다. 그때 엄마는 골반 쪽을 눌러서 따라가지 않도록 도와줍니다.

7 다리를 옆으로 원을 그리듯 보내줍니다.
이때 왼쪽 골반이 따라가면 앞서 설명한 대로 한 손으로 지그시 눌러줍니다.

8 제자리로 돌아옵니다. 4회 반복하고 반대쪽도 같은 방법으로 합니다.

내전근 강화 스트레칭

20

대퇴 내전근이 약화가 되거나 경직이 되면 골반에 영향을 미치게 됩니다. 이곳은 따로 운동을 하지 않으면 일상생활에서 안 쓰는 근육으로 꼭 필요한 스트레칭 운동입니다. 골반이 틀어져서 다리가 휘어지게 된 경우에는 성장판 내측에 과다한 스트레스가 전달되어 성장에 방해가 됩니다. 골반을 정상으로 교정해주면 키 성장이 극대화될 수 있습니다.

1 팔을 머리 위에 길게 뻗어 바닥에 대고 오른손은 가슴 앞쪽 바닥에 대어 중심을 잡습니다. 오른발은 앞쪽으로 바닥에 무릎을 대고 접어서 왼쪽 다리는 플랙스를 합니다.

2 왼발을 들어 올릴 수 있을 만큼 올려서 4초간 정지합니다.

엄마의 설명
다리 들어서 4초간 기다릴 때 아이가 힘을 낼 수 있도록 엄마가 도와주어야 합니다. 손가락으로 1초, 2초 세면서 잘하고 있다는 칭찬을 듬뿍 해주면 좋겠습니다.

3 제자리로 돌아옵니다. 4회 반복하고 반대쪽도 같은 방법으로 합니다.

21 대둔근 강화 스트레칭

동작을 할 때 자연스럽게 힘이 들어가고 균형 감각이 생기는 스트레칭으로 의자 생활을 많이 하는 요즘 어린이들에게 참 좋은 운동입니다. 대둔근이 단련됩니다.

1 손바닥을 바닥에 붙이고 무릎을 꿇어 허리와 등을 일자로 되게 합니다.

2 왼쪽 다리를 그대로 위로 듭니다. 이때 무릎이 살짝 굽혀져 있습니다.

엄마의 설명
다리를 드는 쪽의 골반이 바닥과 수평을 이루어야 하는데 아이들 몸이 조금씩 돌아가지 않도록 엄마가 잡아주고 다리를 무리하게 들지 않도록 체크합니다.

3 2상태에서 다리를 쭉 폅니다. 4초간 기다립니다.

4 제자리로 돌아옵니다. 4회 반복하고 반대쪽도 같은 방법으로 합니다.

22 전신 스트레칭

척추 기립근, 복직근, 둔근, 대퇴근, 비복근, 가자미근이 스트레칭됩니다.

1 앉아서 왼쪽 다리를 접어 몸쪽으로 최대한 당깁니다. 오른쪽 다리는 플랙스를 한 후 허리를 꼿꼿이 세웁니다.

2 앙 오한 상태에서 몸을 더 길게 세웁니다.

엄마의 설명

1에서 '줄기를 가장 길게 바르게 펴고 앉자.'라고 말합니다.

2에서 앙 오를 해도 되고 하지 않아도 됩니다. (앙 오를 하면 운동 효과가 더 커집니다.)

3에서 줄기를 더 길게 늘려서 배와 허벅지랑 뽀뽀할 수 있을 만큼 내려옵니다. 뽀뽀할 수 있을 만큼이지 그만큼 내려가는 아이들은 드물어요. 너무 욕심을 내다 보면 무릎을 굽히기도 하기 때문에 최대한 길게 다리를 펴고 내려가도록 체크하는 것이 중요합니다.

3 몸을 길게 뻗으며 발끝을 잡고 몸쪽으로 더 당기며 허벅지 뒤쪽 근육과 종아리 근육을 늘립니다. 반대 발도 반복합니다.

23 척추 스트레칭

이 동작은 굴곡된 척추 형태를 일정하게 유지하고 복직근, 외복사근, 내복사근, 복횡근 강화에 좋습니다.

1 편안한 자세로 눕습니다.

2 손으로 다리를 감싸서 무릎을 몸 가까이로 가져갑니다.

엄마의 설명

이 동작을 설명할 때 우리 아기가 엄마 뱃속에 있었던 모습이라고 설명을 해요. 엄마 뱃속이 작고 우리 아기도 작아서 이런 모습으로 있었다고 말하면 신기해하면서 무척 즐거워한답니다. 어려운 동작이 아니지만 척추 스트레칭에 좋기 때문에 잠자리에 들기 전에 하면 좋습니다.

3 머리를 들고 눈은 배꼽을 바라봅니다.

Part 3

발레 놀이

두 손 찔러 놀이

01

이 놀이는 부상 방지를 위해 열을 발생시키는 준비 운동입니다. 요즘 층간 소음 문제가 심각해요. 제자리 걷기만으로도 조심해야 할 때가 있어요. 이 동작은 소리 없이 발끝을 높게 들어 걷는 운동입니다. 근데 그냥 걷는 운동보다 운동량이 더 많아요. 저의 아이의 경우 교회에서 매주 한 절씩 성경 암송을 합니다. 걷기 운동을 하면서 세 번씩 따라 읽으면 어느새 운동도 암송도 끝낼 수 있어요.

1 제자리에 서서 왼발부터 무릎을 올리며 자연스럽게 15초간 걷습니다.

2 무릎을 최대한 높게 올리며 손을 많이 흔들어 줍니다.

엄마의 설명

소리 없이 제자리로 걸으며 몸을 풀어줍니다. (노래 부르며 한곡 끝날 때까지) 발끝부터 → 볼 → 뒤꿈치로 바닥에 떨어지면 소리도 나지 않을 뿐만 아니라 자연스럽게 발레의 발끝 포인을 익히게 됩니다.

이동하며 걷기

엄마랑 하는 발레 놀이에는 '꼭 이렇게 해야 한다!'가 없었으면 좋겠어요. 제자리 걷기를 하다가 아이가 걷고 싶어 하면 그렇게 해도 됩니다. 응용하며 발레 놀이를 한다는 건 더 즐거운 일인 것 같아요.

3~4 무릎을 좀 더 올리면서 반복하면 운동 효과가 커집니다.

02 프로펠러 놀이

하늘을 나는 프로펠러 놀이는 어깨의 가동 범위를 넓혀 인대가 늘어나는 부상을 예방할 수 있으며 어깨 성장판을 자극할 수 있습니다. 이 동작을 처음 했을 때 어려운 동작은 아니지만 상당히 어색해했어요. 아마도 어깨 운동을 따로 안 하는 경우가 많아서 그런 것 같아요. 아이들은 엄마가 이끌어주기에 따라 달라져요. 노래를 불러주며 "어깨 튼튼하게 원을 크게 그려 보자."라고 이야기해주면 씩씩하게 합니다.

1 어깨 너비로 다리를 벌리며 섭니다. 양손은 어깨에 가볍게 얹고 팔꿈치로 크게 원을 그리며 안쪽에서 바깥쪽으로 어깨를 돌려줍니다. (8회 1세트 × 2회 반복)

엄마의 설명
어깨에 손을 얹고 '안으로 안으로 밖으로 밖으로'
노래 부르듯이 발레 놀이를 합니다.

2 동생의 경우나 처음으로 어깨를 돌릴 때 어색할 수 있으니 정확하게 할 수 있도록 지도합니다.

03 빙글빙글 놀이

골반과 허리 근육을 강화하는 허리 돌리기입니다. "우리 마법의 훌라후프 해볼까?"라고 말하면 상상까지 하며 열심히 허리를 돌리는 우리 아이들이었어요. 저는 상상하는 아이들의 모습을 보는 게 좋아요. 예전에 초등학생 수업을 하고 창의력에 깜짝 놀란 적이 있었어요. 요즘처럼 창의력을 요구하는 사회에 엄마가 상상할 수 있도록 교육하는 것이 제일 좋겠죠?

1 어깨 너비로 다리를 벌리고 섭니다. 양손은 허리나 골반에 가볍게 얹고 시계 방향으로 천천히 큰 원을 그리며 허리를 돌려줍니다. (8회 1세트 × 2회 반복)

2 동생의 경우 '둥글게 둥글게' 노래를 부르며 동작을 하면 더 즐거운 발레 놀이가 될 수 있어요.

04 개구리 놀이

허리와 다리 뒤쪽 근육을 스트레칭하는 놀이로 전신의 근육을 순간적으로 자극하고 키 성장에 도움을 줍니다. 저는 아이들에게 스마트폰이나 텔레비전을 잘 보여주지 않아요. 생각을 방해하는 다른 자극을 주고 싶지 않기 때문이에요. 그렇지만 엄마이기 때문에 우리들은 집안일을 해야 해요. 그럴 때는 그림 도구를 준비해서 아이에게 건네주며 말해요. "우리 개구리 자세 했던 거 기억나니? 그럼, 그 그림을 그려볼까?" 열심히 그리는 아이를 보면 참 대견합니다.

1 어깨 너비로 다리를 벌리고 섭니다. 무릎을 굽히지 않고 무게 중심은 발가락 쪽에 두어 손을 바닥에 닿게 합니다. (몸이 유연하면 깍지를 껴서 해요.)

2 무릎을 굽혀 개구리 자세로 앉습니다.

3 1번 동작처럼 최대한 엉덩이를 위로 올립니다.

엄마의 설명
1에서 "꼭꼭 숨어라 머리카락 보인다."라고 말해요.
2에서 "꼭꼭 숨어라 엉덩이도 숨겨라."라고 말해요.
3에서 "이제는 엉덩이를 가장 높게 해볼까?"라고 말해요.

점프하기

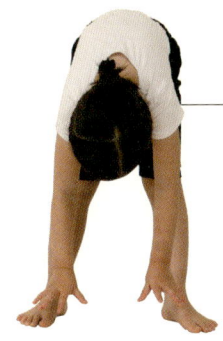

1 어깨 너비로 다리를 벌리고 섭니다. 무릎을 굽히지 않고 무게 중심은 발가락 쪽에 두어 손을 바닥에 닿게 합니다. (몸이 유연하면 깍지를 껴서 해요.)

2 무릎을 굽혀 개구리 자세로 앉습니다.

3 위로 폴짝 개구리 점프를 뜁니다.

엄마의 설명

1에서 "꼭꼭 숨어라 머리카락 보인다."라고 말해요.
2에서 "꼭꼭 숨어라 엉덩이도 숨겨라. (엉덩이를 숨기니 개구리가 되었네.)"라고 말해요.
3에서 "그럼 우리 개구리 점프해볼까? 자! 위로 점프!"라고 말해요.

05 엄마와 전화 놀이

이 놀이로 대퇴 이두근, 햄스트링, 고관절 성장판 자극과 하체 스트레칭이 가능합니다. 근데 이 동작은 사실 아이들이 아파해요! 대퇴 이두근, 햄스트링, 고관절 스트레칭이 되기 때문에 힘들 수밖에 없지요. 그렇지만 즐거워하는 동작이기도 해요. 아이가 아파할 때쯤이면 발바닥에 번호를 눌러 전화를 걸기 때문에 아프지만 즐거운 놀이가 될 거예요.

1. 엄마의 어깨가 아이의 지지대가 되어주며 안정감 있게 팔꿈치를 잡아줍니다. 의자 위에 발을 지탱했을 때는 엄마가 뒤쪽에서 골반을 잡아주어도 됩니다.

2 양손을 한 손으로 잡아주고 아이의 발을 잡고 "여보세요" 놀이를 하면 즐거운 놀이 시간이 됩니다.

엄마의 설명
아이들은 이런 놀이를 즐거워해요. 전화 놀이를 하며 발바닥에 버튼을 누르듯 자극하면 발마사지도 되면서 즐거움이 배가 되거든요.

06 회오리 놀이

몸을 웅크렸다가 활짝 펼치는 동작을 반복하면서 자연스럽게 전신의 근육을 단련하게 되는 놀이입니다. 회오리 소리까지 내면서 즐겁게 합니다. 작은 회오리가 될 때 '귀여운 강아지' 같다고 말해주면 좋아하는 딸아이에 반해 전 "강아지 아니에요."라며 정색하는 아들의 각기 다른 반응이 참 재미있기만 합니다. 제가 보기엔 전부 귀여운 강아지 같아 어쩌지요?

엄마의 설명
"회오리가 되어볼까?"라고 설명하면 큰 회오리, 작은 회오리에 맞추어 아이들이 움직여줍니다. 무슨 회오리냐고 물으면 엄청난 '토네이도'라고 말하며 소리까지 내곤 합니다.

07 스쿨버스 기다리며 점프 놀이

스쿨버스가 정시에 와주면 좋겠지만 그렇지 않을 때도 있어요. 그럴 때 가벼운 점프 놀이를 하며 시간을 활용해보아요. 발레 용어로는 '땅 르베Temps Leve' 입니다. 요즘 아파트에서 뛰지 못하는 우리 아이들 스쿨버스를 기다리며 간단한 점프로 몸 전체의 성장판을 자극할 수 있어요. 응용 동작으로 앞에서 배운 팔 2번(알 라 스꽁드) 동작으로 하면 어깨와 팔꿈치 성장판 자극도 동시에 할 수 있어요.

1 발 1번 포지션에서 준비합니다.

2 양 무릎을 문을 열 듯이 드미 쁠리에를 합니다.

엄마의 설명
몸의 줄기(척추)를 꼭 펴고, 내려올 때는 다이아몬드 (마른모)를 보여달라고 이야기를 해야 합니다.

3 2에서 바닥을 눌러 튕겨지듯이 무릎을 펴고 점프를 합니다.

4 착지시 발끝부터 떨어지며 떨어짐과 동시에 드미 쁠리에를 해줍니다. 4~8번 정도로 반복 점프하여 줍니다.

07 응용

360도 한 바퀴 회전하며, 전신의 자극을 주는 응용 놀이입니다.
1~2에서 하나, 둘, 셋까지는 제자리 점프를 하고, 네 번째 점프 후 오른쪽으로 90도 틀어서 3처럼 내려옵니다. 4에서 하나, 둘, 셋 제자리 점프를 하고, 네 번째 점프 후 오른쪽으로 90도 틀어서 5처럼 내려옵니다. 나머지도 동일하게 반복하면서 9에서 마무리합니다.

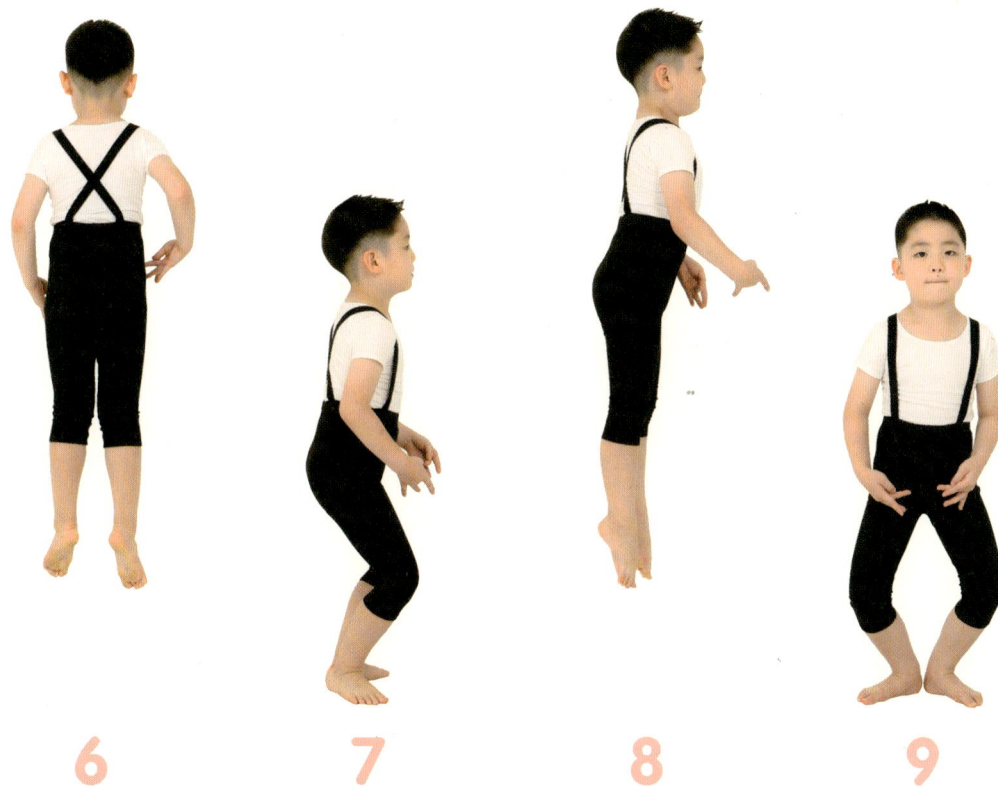

08 창문을 열어라 놀이

일명 엄마와 쁠리에 놀이입니다. 이 놀이는 골반 비대칭 아킬레스건 다리근육 강화와 무릎 성장판 자극에 효과가 있어요. 이 놀이는 쉬워 보이지만 정확하게 따라하는 게 쉽지 않아요. '시선을 앞으로 보라.' 하면 땅으로 보고, '시선을 앞으로 고정시켜 놓으면' 엉덩이가 오리처럼 나오고, '엉덩이를 고정시켜주면' 무릎이 앞으로 향하는 등 여러 부위를 신경 써야 하기 때문에 어려운 놀이 동작입니다. 반복 연습을 하다 보면 어느새 엄마가 지도해야 할 부분이 줄어들어요. 처음 쁠리에 동작을 할 때에는 아이 허리 높이에 맞는 의자를 잡고 하는 것이 좋아요. (아이도 편하게 지지할 수 있고 엄마는 몸을 바로 잡아주기가 편해요.)

1 발 1번 포지션에서 엄마가 아이 손바닥 아래에 지지대 역할을 해주어야 합니다.

2 드미 쁠리에로 양 무릎을 창문을 활짝 열 듯이 발가락 방향으로 옆으로 굽혀줍니다. 엉덩이와 갈비뼈 쪽을 잡아주어 몸의 세워진 느낌을 알도록 합니다.

엉덩이가 뒤로 빠지지 않도록 합니다.

엄마의 설명
엄마 손을 바로 사용할 때(의자 사용 가능)

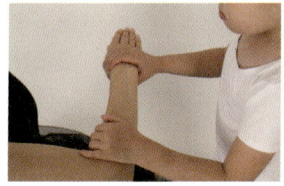
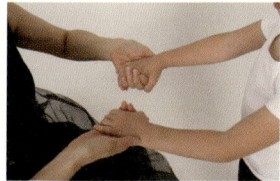

팔꿈치가 지지대가 된 경우   손바닥이 지지대가 된 경우

3 바른 자세를 위해 고개가 아래로 숙여지지 않도록 엄마의 한 손은 뒷목, 한 손은 턱을 받쳐 설명해줍니다.

4 무릎이 발끝 방향 옆으로 열리는 느낌을 엄마의 손으로 익혀줍니다.

09 솟아 올라라 놀이

발레 전문 용어로 '를르베Releves'라고 하며, 이 동작은 아킬레스건, 발등, 무릎, 대퇴부를 강하게 하는 동작으로 발목 성장판 자극에 효과적인 동작입니다. 이 동작을 처음 할 때는 의자를 잡고 하는 게 훨씬 좋아요. 엄마랑 아이가 눈을 맞추고 무언가 열심히 한다는 건 즐거운 일인 것 같아요.

1 발 1번 포지션 - 발 1번 포지션으로 섭니다.

2 1번 쁠리에 - 줄기(척추)를 펴고 무릎을 발끝 방향으로 활짝 열어 드미 쁠리에를 합니다.

엄마의 설명

러시아 바가노바 티칭 방법으로는 를르베시 쁠리에를 해서 스콕 업(튕겨 올려지듯 업)을 하면 반드시 내려올 때 쁠리에로 내려와야 합니다. 미국식은 쁠리에가 다리를 편 채로 다운을 해도 괜찮습니다.

3 스콕 업 – 튕겨 올려 지듯(스콕) 업을 합니다.

4 쁠리에 – 드미 쁠리에로 내려옵니다.

5 발 1번 포지션 - 발 1번 포지션으로 섭니다.

6 를르베 - 발은 바닥을 강하게 누르면서 뒤꿈치를 아킬레스건에 최대한 많이 가는 느낌으로 업을 섭니다. 이때 상체는 줄기(척추)를 펴며 엄마 손을 살짝 누르면서 어깨도 내립니다.

엄마의 설명
집에 발레 바가 없어도 엄마의 손과 팔이 아이의 지지대 역할을 할 수 있어요.

7 발 1번 포지션 – 다시 뒤꿈치를 내리며 발 1번 포지션으로 돌아옵니다. 6에서 7로 내려올 때 절대 무릎을 굽히지 않습니다. 그래야 내전근이 강화됩니다.

10 연필 돌리기 놀이

"우리 발끝이 연필이 되어 원을 그려볼까?" 발레를 할 때는 발끝 포인(발끝을 힘주어 아치를 만드는 동작)을 많이 해요. 발목에 무리가 가지 않기 위해 발목을 돌리는 동작입니다.

1~2 시계 방향으로 천천히 큰 원을 그리며 발목을 돌려줍니다. 반대 발도 실시합니다. (8회 1세트 × 2회 반복)

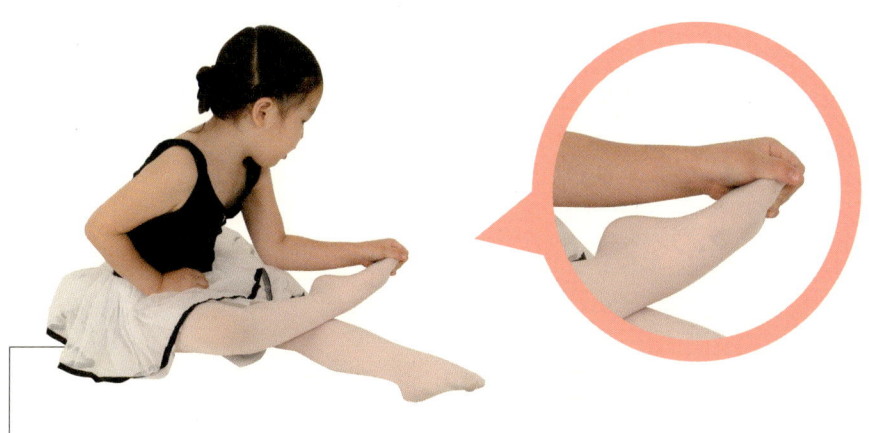

3 발목이 완전히 일자가 되도록 지도합니다.

11 나비 놀이

이 동작은 골반을 열어 혈관을 이완시켜주고 골반을 지탱하는 근육이 단련되어 골반 교정에 좋고 척추, 고관절 성장판 자극에 효과적입니다. 이 동작을 하며 아프다고 반응하는 아이들이 많아요. 자연스러운 증상입니다. 무리하게 누르지 않으면 괜찮아요. (통증 없이 내려가는 아이들은 유연성을 타고난 아이들입니다.)

1 두 발바닥을 마주 붙이고 가슴과 허리를 곧게 펴고 바른 자세로 앉습니다.

2 숨위 내쉬면서 팔을 쭉 뻗으며 천천히 배, 가슴, 머리 순서대로 동작합니다. (8카운트 정도)

 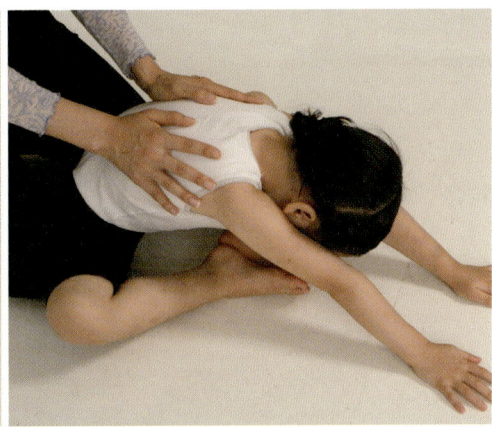

3 엄마가 도와줄 때는 손바닥 전체로 무리 가지 않을 정도로 지그시 눌러줍니다.

엄마의 설명
몸이 유연하지 않은 아이는 나비 자세만으로도 허벅지 안쪽 근육을 이완시키고 운동 효과가 충분해요. 남자 아이들이 잘 되지 않으며, 골반이 좁을수록 잘 안되는 동작인데 되는 만큼만 해요.

12 여행 놀이

골반과 척추 기립근 강화에 좋으며 고관절 성장판 자극에 효과적입니다.

1 다리를 옆으로 스트레칭할 수 있을 만큼 벌립니다.
이때 팔은 팔 2번 포지션(알 라 스꽁드)을 합니다.

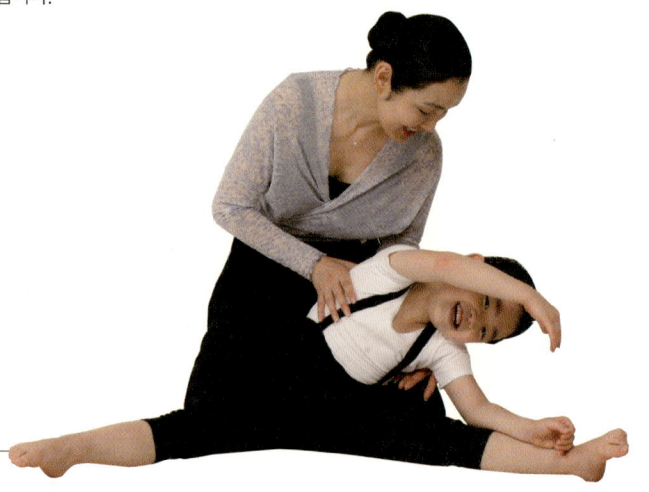

2 왼쪽으로 허벅지랑 옆구리가 닿는 느낌으로 옆으로 내려갑니다.

엄마의 설명

왼쪽으로 기울이며, "할머니 댁에 놀러 가볼까?" 오른쪽으로 기울이며, "친구 집에 놀러 가볼까?" 제자리로 돌아와, "우리 집에 가볼까?" 하며 배를 붙입니다.

이때 거북이 노래를 부르며 배를 붙여도 즐거워합니다. "엉금엉금 기어서 가자~" 또는 "낮은 동굴 속을 들어가 볼까?" 말하면서 아이들의 상상력을 동원하여 즐거운 발레 놀이를 만들어보세요.

3 옆으로 내려갈 때 엄마는 옆구리를 지그시 눌러주세요.

4 오른쪽으로도 같은 방식으로 내려갑니다.

5 허벅지가 안쪽으로 말리지 않게 바깥쪽으로 잡아 줍니다. 아이는 손바닥을 펴고 내려갑니다.

 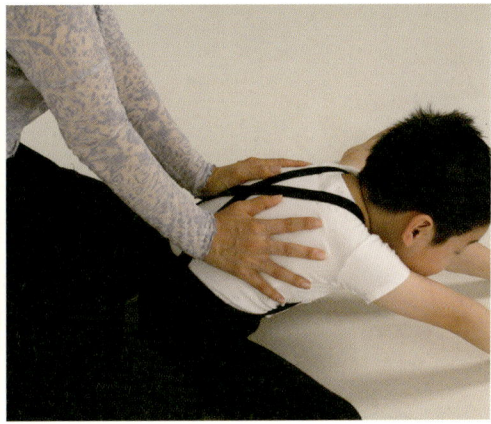

6 손바닥 전체로 무리 가지 않을 정도로 지그시 눌러줍니다.

엄마의 설명

우리 아이들은 유연하지 않은 지극히 평범한 아이입니다. 그래서 이 놀이는 아프다고 말합니다. 모든 동작이 통증 없이 다 잘되면 좋겠지만 스트레칭은 통증이 있는 게 당연합니다. 그러나 무리한 스트레칭은 좋지 않아요. 아이를 보며 무리가 가지 않을 만큼 자극하여 주세요.

13 반짝반짝 별 놀이

척추 기립근 강화와 어깨 성장판, 팔꿈치 성장판, 고관절 성장판 자극에 효과적인 놀이입니다. 아이들이 즐겁게 전신을 자극할 수 있는 동작이에요. 우리 아이들이 커서 별을 보면 엄마와 노래하며 스트레칭 놀이 한 기억을 떠올려준다면 참 행복할 것 같아요.

1 "반짝반짝 작은 별 아름답게 비치네" 노래를 불러주면서 손을 머리 위에 길게 펴서 손을 반짝반짝 손목을 돌립니다.

2 "동쪽 하늘에서도~" 오른쪽으로 반짝하며 손목을 돌립니다.

엄마의 설명

놀이하기 전에 별 이야기를 해주어도 좋아요. "하늘에 별은 어떻게 빛날 것 같니?" "우리가 이제 하늘에 별이 되어볼까?"라며 말입니다. 동작마다 노래를 맞추어 불러주며 해보는 것도 좋아요.

3 "서쪽 하늘에서도~" 왼쪽으로 반짝이며 손목을 돌립니다.

4~5 정면으로 돌아와 "반짝반짝 작은 별 아름답게 비치네" 하면서 머리 위에서 반짝이다가 "우리 아기 다리에 떨어지네요."라며 설명합니다. 이때 "배랑 허벅지랑 뽀뽀할 수 있게 가까이 가볼까?" 말하면 아이들이 조금 더 스트레칭하는 효과가 있어요.

14 엉덩이 쭉쭉 놀이

이 놀이는 골반 교정과 척추 기립근 강화와 함께 아름다운 힙선을 살릴 수 있습니다. 딸아이만 잘 하는 동작이며, 아들은 많이 아파해서 좋아하지 않는 동작이에요. 동작을 하다가 유난히 아파하는 동작이 있으면 비슷한 다른 동작을 해도 됩니다. 우리도 건강에 좋지만 힘들고 어려운 운동이 재미없는 것처럼 아이들도 마찬가지라고 생각해요.

1 왼발은 접고 오른발은 뒤로 펴주세요.

2 배꼽, 가슴, 머리순으로 천천히 내려가 줍니다. 호흡을 내쉬면서 팔을 쭉 뻗어 8카운트 기다립니다.

3 제자리로 돌아옵니다.

4 상체를 들어 올리면서 가슴을 활짝 열어주듯 뒤로 넘어갑니다.

5 옆에서 본 모습 – 팔을 쭉 뻗어줍니다.

6 손바닥에 지나친 힘을 주지 않도록 합니다.

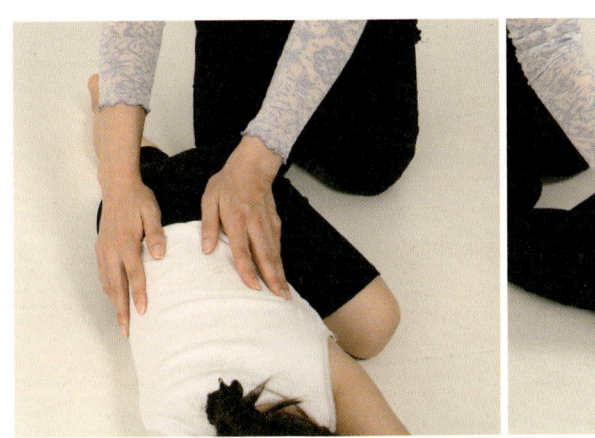 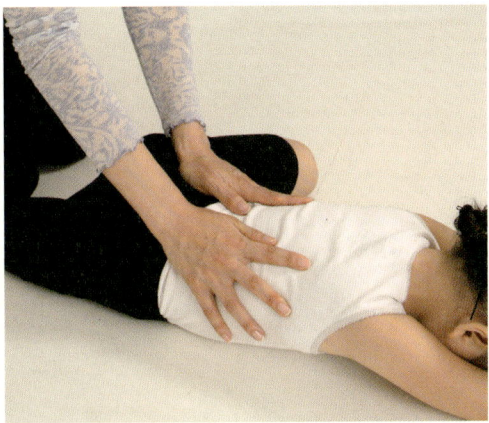

7~8 손바닥 전체로 골반뼈와 등 아래쪽을 지그시 눌러줍니다. 반대쪽도 반복합니다.

15 꼭두각시 놀이

이 놀이 동작은 혈액순환을 도우며 어깨, 목, 등 근육을 튼튼하게 하여 척추 성장판 자극에 좋습니다. 허리를 무리하게 들지 않고 적당히 자극을 준다는 느낌으로 지도해야 합니다. 이 동작은 아이가 몇 번이고 더 하고 싶다는 동작이에요. '까꿍 놀이'처럼 눈 맞추고 마무리로 이마에 '뽀뽀' 해주면 사랑받는 느낌이 드나 봅니다.

1 엎드려 누운 상태에서 두 다리를 펴서 가지런히 모으고 팔꿈치를 최대한 펴서 손을 어깨 옆에 둡니다. 엄마는 뒤에서 살짝 앉아요. (이때 아이의 엉덩이 위에 힘을 싣지 않도록 주의해요.) 엄마는 뒤에서 아이의 어깨를 살짝 당겨주어요.

2 엄마와 아이가 오른쪽으로 시선을 마주봅니다.

3 엄마와 아이가 왼쪽으로 시선을 마주봅니다.

4 아이의 뒷발은 수영하듯이 물장구치며 더 자연스럽게 스트레칭 되도록 합니다.

5~6 4의 상태에서 오른발, 왼발 접어가며 물장구 칩니다.

엄마의 설명

꼭두각시 노래를 부르며 아이와 동작을 하면 즐거운 꼭두각시 발레 놀이 시간이 됩니다.
❶ "딴따단 딴딴 딴따단따 단따단"
❷ 고개 오른쪽 "딴따단따 단따단"
❸ 고개 왼쪽 "따다 다다 딴따단"
❹ 다리 뒤로 물장구 - 멜로디 반복
❼ 마무리로 머리 뒤로 젖혀 엄마랑 뽀뽀로 마무리.

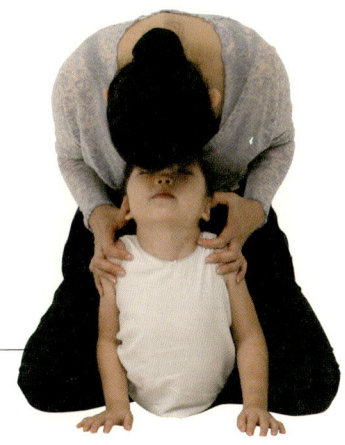

7 마무리로 아이 이마에 뽀뽀해줍니다.

16 아기 고양이 놀이

아이들은 동물 흉내내기를 좋아하고 다시 아기가 되어서 귀여움을 받고 싶어하는 것 같아요. 아기 고양이 동작을 하며 엄마와 눈을 맞추어 악수도 하고 스트레칭을 하며 놀이를 해보아요.

1 무릎을 골반 너비로 벌립니다.

2 머리를 가슴 쪽을 향하여 숙이고 동시에 복부를 등쪽으로 둥글게 밀어 올립니다.

3 배꼽, 가슴, 머리순으로 천천히 올라갑니다. 팔을 쭉 뻗어 8카운트 기다립니다.

4 다시 제자리로 돌아옵니다.

5 엄마와 눈을 맞추고 왼손을 잡습니다.

6 오른쪽 다리를 쭉 폅니다. 반대쪽도 반복합니다.

17 가위 놀이

이 놀이 동작은 고관절 성장판에 자극을 주고 내전근 발달에 효과가 있습니다. 누워서 다리가 가위가 되었을 때 2번 동작에서 베개를 사이에 넣어서 잘라달라고 말하면 내전근 쪽에 힘을 자연스럽게 주게 됩니다. 그러면 더 정확한 운동이 된답니다.

1 벽에 대고 두 다리를 모읍니다.

2 다리를 최대한 벌려서 8카운트 기다립니다

엄마의 설명
잠자기 전 침대에 누워서 벽에 다리를 올리고 "우리 누워서 다리로 가위 놀이 해볼까?" "싹뚝, 싹뚝" 하며 가위소리에 맞춰서 스트레칭을 해봅니다.

3 다시 제자리로 돌아옵니다. 동작을 반복합니다.

169

18 슈퍼맨 놀이

이 놀이 동작은 척추 기립근, 대둔근, 광배근, 대퇴 이두근 강화에 효과가 있습니다. "슈퍼맨이 되어서 멀리 빠르게 날아갈 수 있다면 어디를 가고 싶니?" 우리 아이는 친구도 놀이동산도 아닌 할아버지한테 가고 싶다고 말했어요. 아이들이 가장 가고 싶은 곳을 말하면서 즐겁게 하늘을 날아보아요.

1 엎드린 자세에서 시선은 정면을 보고 두 손과 두 발을 쭉 뻗어요. 팔과 다리를 편 채로 위로 들어 올립니다.

2 동작을 반복한 후 손으로 발목을 잡아서 위쪽으로 당깁니다.

엄마의 설명
슈퍼맨을 하면서 오래 기다리기가 힘들면 엄마가 "어디까지 날아 갈까요." "다 와갑니다." 하고 이야기를 해주면 자연스럽게 버틸 수가 있어요.

3 반복합니다.

19 펑펑 놀이

점점점 크게, 점점점 작게, 점점점 크게 그러다 '펑' 하며 터지는 놀이입니다. 아이랑 잠자리에 들기 전에 10분 스트레칭, 책읽기, 오늘 있었던 일 정리하기 등 많은 것들을 해야 해요. 바쁘고 피곤할 때는 이 모든 것들을 생략할 때도 있어요. 하지만 생략할 때보다 많은 것들을 했을 때 더 행복했어요. 잠자리에 들기 전 침대 스트레칭을 하면서 몸을 부대끼며 잠깐이라도 놀다 보면 웃는 얼굴로 하루를 마무리하게 돼요. 가위 놀이와 시계 놀이랑 함께 하면 좋은 동작이에요.

1 몸을 점점 크게 만들어보아요.

엄마의 설명

자기 전 이불 위에서 자연스럽게 하는 스트레칭이에요. "젤 크게 몸을 만들어볼까? 점점 작아지게 만들어볼까? 빠르게 작게, 천천히 크게!" 이 간단한 동작으로도 자연스럽게 스트레칭이 된답니다.

2 이번에는 점점 작게, 가장 작게 만들어보아요.

3 다시 점점 크게 만들다가 '펑' 하고 소리질러 봅니다.

20 시계 놀이

잠자기 전에 성장판 자극 스트레칭은 뼈와 관절의 이완을 도와주기 때문에 숙면에 도움이 되며 성장호르몬 분비를 촉진하는 데 좋습니다. 엄마가 아이에게 시간을 다 만들어 주지 말고(예-특정 시간만 하나 만들어줌) 다리로 시간을 표현해보라고 말하면 아이가 상상해서 여러 동작들을 만들게 됩니다. 그럴 때 끊임없이 칭찬해주세요.

엄마의 설명

자기 전이나 아침에 일어나서 하루 일과를 몸으로 표현해보는 발레 놀이입니다. 엄마가 동작을 알려주지 않아도 아이들의 무한한 상상력으로 시간을 표현해요. 시계 놀이를 하는 동안 자연스럽게 전신 스트레칭이 된답니다.

21 학다리 놀이

이 놀이 동작은 등 근육, 배, 허리 근육 발달에 도움이 됩니다.

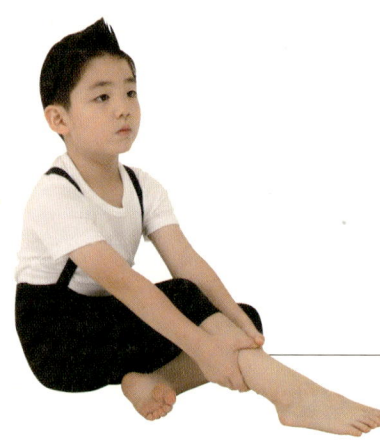

1 왼쪽 다리를 90도로 접고 오른쪽 다리를 잡습니다.
(유연성이 좋으면 발목이나 발뒤꿈치를, 덜 유연하면 종아리를 잡습니다.)

2 오른쪽 다리를 쭉 편 상태로 45도 높이로 발끝 포인으로 듭니다. 이때 무릎과 등을 쭉 폅니다.

3 한 손씩 살짝 손을 떼어내 중심을 잡은 후 반대쪽도 반복합니다. 사실 이 과정에서는 팔 3번 포지션(앙오)이나 2번 포지션(알 라 스공드)으로 중심을 잡는 것이 좋은데 아이의 배 근력이 없어 위 사진처럼 자세를 잡은 것입니다.

엄마의 설명

복근 강화와 균형 감각 키우기에 좋은 동작인데요. 3번에서 잠시만 해도 우리 아이는 힘들어했어요. 잘 되는 친구는 팔 포지션으로 마무리하면 더욱더 효과가 있어요. 이 동작 전에 한 발로 서 있는 학을 이야기해주며 얼마나 오랫동안 학이 될 수 있을까? 하며 동기부여를 해보아요. 우리 아들은 잠시였지만 중심을 잡으며 뿌듯한 표정을 지어보였어요.

4 왼쪽 다리를 45도 올리고 왼발을 잡아 지탱합니다. 왼쪽 다리를 최대한 턴아웃하여 다리 근육이 늘어나게 하며 무릎과 등을 최대한 폅니다.

5 손을 바닥에 놓고 중심을 잡습니다. 숙달되면 팔 3번 포지션(앙 오)이나 2번 포지션(알 라 스공드)으로 중심을 잡아봅니다. 반대쪽도 반복합니다.

22 배꼽 놀이

이 놀이 동작은 대둔근, 대퇴 사두근 발달과 척추 성장판 자극에 효과가 있습니다. 아이들이 잘 따라 하는 동작입니다. 쉽게 하는 동작에 비해 운동 효과도 많고 배꼽을 위로 보내려고 진지한 자세로 임합니다.

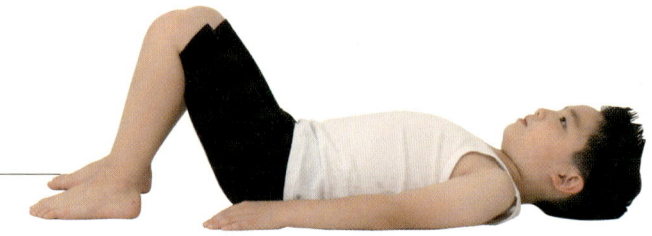

1 누워서 다리를 어깨 너비로 벌리고 무릎을 세우고 손바닥을 바닥을 향하게 하여 골반 옆에 둡니다.

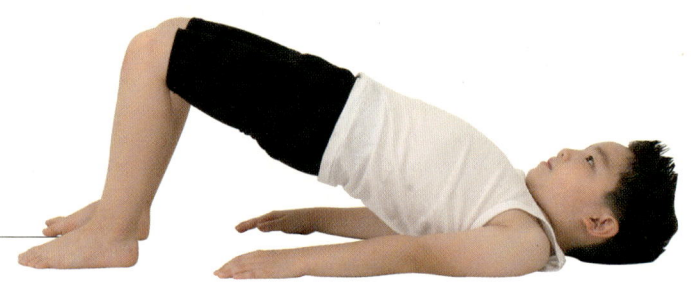

2 손바닥으로 바닥을 누르며 골반을 최대한 위로 듭니다.

3 손바닥을 허리에 대고 들어 올리면 등 근육에 더 자극이 가해져 스트레칭 효과가 높아집니다.

엄마의 설명

1에서 바른 자세를 만들어주고 "배꼽을 위로 들어 보자."라고 말하면 아이는 금방 2의 자세를 취하게 됩니다.

23 개구리 다리 놀이

복부, 허벅지, 골반, 다리 운동이 되기 때문에 힘이 들 수가 있는 놀이 동작입니다. 아이에게 개구리 발이 된다고 상상하며 동작을 해야 합니다. 4회 정도 실시합니다.

1 다리를 쭉 펴서 발끝 포인을 합니다. 손바닥은 바닥에 대고 골반 옆에 놓거나 양팔을 벌리면 됩니다.

2 무릎을 옆으로 벌려 턴아웃합니다.

3 그대로 45도를 듭니다.

4 다리를 쭉 펴서 4초간 기다립니다.

24 자전거 놀이

"자전거 타고 우리 어디 여행할까? 가고 싶은 곳 있니? 우리 함께 가볼까?"
라며 자전거를 타고 여행을 떠나는 기분으로 하는 놀이입니다.

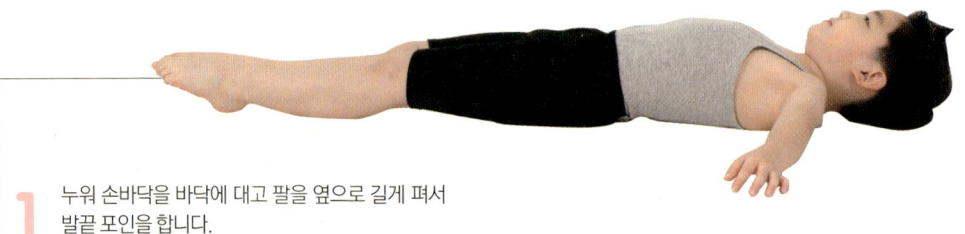

1 누워 손바닥을 바닥에 대고 팔을 옆으로 길게 펴서 발끝 포인을 합니다.

2 왼쪽 다리는 무릎을 접어서 포인한 발을 엉덩이 쪽으로 가져오고 오른쪽 다리는 발끝을 바깥쪽으로 멀리 보내줍니다.

3 오른쪽 다리는 무릎을 접어서 포인한 발을 엉덩이 쪽으로 가져오고 왼쪽 다리는 발끝을 바깥쪽으로 멀리 보내줍니다. 10회 반복합니다.

당신의 자녀
10cm는 더
키울 수 있습니다!